Mulher de Verdade

Para você, amiga

Regina Maria Azevedo

Mulher de Verdade

Para você, amiga

OutrasPalavras

Dados Internacionais de Catalogação na Publicação (CIP)
(Maria Cecília Candeias Gálvez CRB-8/2888)

Mulher de verdade: para você, amiga / Regina Maria Azevedo

São Paulo: Outras Palavras, 2003 (Série Prazer em Conhecer-se)

ISBN 85-86389-20-X

1. Psicologia feminina. I. Azevedo, Regina Maria

CDD 155.633

CDU 159.9-055.2

Contatos com a Autora: reginama@uol.com.br

Composição e projeto gráfico - Outras Palavras
Capa - Foto da autora: Dino Benazzi. Criação e arte-final: Toco

Série Prazer em Conhecer-se

Outras Palavras Produções Editoriais e Comércio Ltda.
Rua Santo Egídio, 709, cj. 141
02461-011 - São Paulo - SP
Telefax: (11) 6236-4823 - Fone: (11) 6239-7420
E-mail: outras-palavras@uol.com.br

Índice

Mulher Intuitiva

Mulher & Bem-Estar

Mulher Mãe

Para vocês mulheres de verdade!

ADA ADRIANA ALESSANDRA
ALIANZA ALICE ALINE AMÉLIA
ANA CÉLIA ANA MARIA ANA PAULA
ANDRÉA ÂNGELA ANGÉLICA
ARLENE AURORA BETE BETINA
CAIOCO CAMILA CARLA CARMEN
CARMINHA CAROLINA CECÍLIA
CÉLIA CINTIA CLARICE CLAUDIA
CLEUSA CLÔ DALVA DANIELE
DÉBORA DENISE DINA DOROTI
DÓRIS DULCÍLIA DULCINÉIA
EDNA ELAINE ELENA ELENILDES
ELIANA ELIANE ELISA ELÓDIA
ELSIE ELVIRA ESTER EUNICE
FÁTIMA FLÁVIA GABRIELA
GLÓRIA HAKEL HELENA HELOÍSA
HILDA HORTÊNCIA IRACEMA
IRENE KÁTIA KAZUKO JEANNE
MARIE JOANA JUNE JUSTINA
KÁTIA LAÍS LAURA LETÍCIA LIA

Meu carinho, minha admiração!

LÍVIA LÚCIA LUCIANA LUCÍLIA LUDMILA MAGALI MAGDA MARCELA MARCIA MARI MARIA CRISTINA MARIA DO SOCORRO MARIA JOSÉ MARIA LUÍZA MARIANA MARILENE MARINA MARINÊS MARIZA MARTA MAYRA MIRIAM MÔNICA NADJIMA NANA NATÁLIA NELDIMA NELIANA NEMERIS NEURACI NILZE NUNZIA OLGA PATRÍCIA RAQUEL REGINA RENATA RENATE RITA ROBERTA ROSA ROSALBA ROSANA ROSÂNGELA ROSE ROSELY SANDRA SILVIA SIMONE SONIA SUELI SUEVANY SUZETTY TARCYANE TATIANA TELMA TERESA TEREZINHA TOKE VALDENORA VALÉRIA VÂNIA VERA VICENTINA VIVIANE WILMA YARA YAYO ZELIA

Agradecimentos

Para

Adão da Silva Azevedo

Dino Benazzi

Fernando Costa Azevedo

Adherbal Caminada Neto

Antonio Gil Anderi

Walter Flavius Arruda

Minha gratidão, carinho e apreço por seu apoio incondicional.
Amorosamente,

A Autora

Mulheres de verdade...

O universo feminino é revestido de magia e encantamento. Todas nós carregamos internamente uma princesa, uma fada-madrinha, uma mãe, uma filha, uma irmã, uma amiga, uma companheira. Ao longo da vida, seguimos desempenhando estes papéis, aprendendo a cada nova experiência, recriando e lapidando este ser humano único que somos cada uma de nós.

Pensando nisso, tive a idéia de comemorar meus 25 anos de vida profissional reunindo, neste livro, temas relacionados a este misterioso e mágico universo. Como se fosse um álbum de recortes de revistas femininas, juntando aquelas matérias que a gente adora colecionar sobre auto-estima, relacionamentos, saúde e prazer de viver.

Alguns textos aqui apresentados são inéditos; outros, reeditados, foram publicados nas revistas *Planeta* e *Elevação*. O objetivo fundamental deste trabalho é divertir e divulgar algumas informações úteis, que possam facilitar a vida das mulheres através desta coletânea de idéias voltadas aos diversos perfis femininos.

Decidi homenagear minhas amigas dedicando-lhes este livro. E assim defini o público ao qual me dirigiria: às fabulosas mulheres quase nunca reverenciadas, cujos feitos são ignorados ou tratados como mero cumprimento do dever. Às mulheres comuns, cuja fama nunca ultrapassou as paredes de seus lares e escritórios, que nunca foram glamourizadas nem endeusadas.

Sim, porque existem as deusas e nós, mulheres de verdade. As primeiras são produto e objeto da mídia, aparecem na TV, nos jornais e revistas sempre belas, bem vestidas, com um sorriso estampado no rosto. Nós, ao contrário, vez por outra chegamos do trabalho ao fim do dia com a expressão cansada, a roupa amassada e o corpo exausto, prestes a desabar sobre o sofá. Mas, somos valentes e prosseguimos; cuidando da casa, dos filhos, do companheiro, do cachorro, do gato.

Não temos à mão aquele aparato disponível às deusas: maquiador, cabelereiro, *personal trainner*, nutricionista, produtor de moda. Mesmo assim, vez, por outra, somos comparadas a elas, como se tivéssemos o dever de estar o tempo todo maravilhosas.

Nada tenho contra as deusas; elas fazem parte do imaginário coletivo, são necessárias, servem como referência para que tenhamos um ideal a perseguir. Ao mesmo tempo, são de certa forma irreais, enquanto nós somos mulheres "de verdade", aquelas que maridos, filhos, chefes e colegas de trabalho encontram por perto para dividir suas alegrias e aflições, suas idéias e realizações.

Por isso, este livro é seu: divirta-se, aprenda, ensine, critique, divulgue, rabisque, proteste, aproveite. E, se quiser, ajude-me a reescrevê-lo, enviando suas "receitinhas" e comentários a respeito dos temas tratados e do conteúdo de cada capítulo. Aqui, você é a personagem central, com todas as honras e glórias. Parabéns por ser assim, uma pessoa extraordianariamente comum, uma mulher de verdade! Amorosamente,

Regina Maria Azevedo

(Escreva pra mim: reginama@uol.com.br)

Uma linda mulher

Em geral, ela é a primeira mulher em nossas vidas. No meu caso, a segunda, já que minha mãe natural partiu pouco depois do meu primeiro aniversário. Essa extraordinária mulher – na época com amadurecidos 21 anos – me acolheu logo em seguida e me criou para o mundo.

Firme e decidida (não preciso dizer que ela é linda, já que a foto vale mais que mil palavras), Elena sempre me mostrou suas virtudes. E exibiu corajosamente suas fraquezas, na intenção que eu pudesse superá-las a partir dos exemplos de sua fragilidade, colaborando para fortalecer e aprimorar a "espécie" feminina.

Uma mulher inteligente, destemida, batalhadora, vencedora. Uma criatura divertida, sobretudo terna; que falava sobre namorados e sexo com espantosa naturalidade para quem teve educação severa, passou parte da vida num internato de freiras e dedicou-se a um único homem.

Não tenho certeza se conselho é bom, mas eu gosto. Aprecio, sobretudo, poder contar com sua presença, seu ombro amigo para dividir as dificuldades que, vez por outra, teimam em aparecer.

Ouvir, falar. E rir, rir muito, porque é com as melhores amigas que compartilhamos também os bons momentos, as melhores piadas, conseguindo fazer graça até mesmo de nossas tolas preocupações cotidianas.

O tempo nos fez parecidas e agradeço à Inteligência Superior pelos presentes maravilhosos que me concedeu essa Grande Senhora. Que não me deu a vida, mas me deu uma vida. Obrigada, mãe, de coração!

A Autora

Mulher Companheira

Os bons companheiros

Homem gosta mesmo... de homem!

Certamente você já presenciou momentos de intensa alegria vividos por seu companheiro. Muitas dessas lembranças estão indelevelmente atreladas ao olhar maroto e àquela satisfação quase orgástica, por ele experimentada, quando a beija distraído e sai apressadamente, com a inocente desculpa de encontrar os amigos num bar.

Seguem-se breves momentos de angústia e reflexão. Enquanto você se corrói de inveja, ciúme ou desconfiança, lá vai ele alegremente, mãos no bolso, como um passarinho que saiu da gaiola ou, diriam nossas avós, um pinto no lixo. De duas, uma: ou a criatura realmente se encaminha para o encontro selecionando piadas, pequenas sacanagens e grandes proezas para compartilhar com a turma... ou está de sacanagem, realizando a proeza de encontrar com alguma sirigaita, transformando você e seus nobres sentimentos na piada da vez.

Pensemos positivo; fiquemos, pois, com a primeira opção. Nesses sagrados momentos em que os machos se encontram para dar vazão a seus instintos primevos, graças aos céus suas mulheres não têm vez, sendo poupadas por algum ser misericordioso.

Sim, porque, se recordar é viver, eles reviverão pela milionésima vez lances "inesquecíveis" da mais insignificante pelada (e da pelada mais insignificante também – "aquela", da mais recente e cobiçada capa de revista masculina). Falarão de carros velozes, de chefes desprezíveis e de funcionárias gostosas. Pois tudo isso, no misterioso e confuso mundo dos homens, é prova cabal de suas extra-ordinárias existências. Enquanto isso...

Enquanto isso, vestimos nossas carapuças de mulheres de Atenas (aquelas sofredoras, cantadas em versos por Chico Buarque), mães responsáveis e rainhas do lar. Brigamos com as crianças, chutamos o gato, deixamos queimar a comida, recorremos ao telefone para choramingar nos ouvidos de nossas mães ou de nossas melhores amigas por todas essas mazelas, numa desagradável tentativa de compartilhar com elas a infeliz condição feminina. Certo? Erradíssimo, caras colegas de sina e de profissão. Afinal, também somos filhas de Deus e temos direito à liberdade, à igualdade e à fraternidade.

Boa sugestão, nesses momentos de aflição, é respirar fundo, tomar um chá de camomila, acender uma vela para Santo Antonio e dele tomar satisfações. Melhor ainda: cair no mundo, com ou sem companhia, aproveitando a oportunidade rara de desfrutar de um tempo exclusivamente seu. Neste caso, amiga, recomendável é que fiquemos com a segunda opção.

Já imaginou? Ver vitrine no shopping até não mais poder; experimentar vinte pares de sapatos e sair da loja, cabeça erguida, levando todos – ou sem comprar nenhum; assistir, no escurinho do cinema, àquela comédia romântica à qual ele não vai nem arrastado; tomar um sorvete gigantesco (e usá-lo como pretexto para pular cedo da cama e empreender uma saudável caminhada, sem ter de aturar os efeitos da ressaca masculina do dia seguinte). Se contamos com a cumplicidade de uma boa companhia feminina, ah, perfeito! Feito adolescentes, nos permitimos vivenciar momentos de pura frivolidade e entusiasmo insensato, que podem culminar em gargalhadas e até risinhos histéricos, aquele periquiteio que chama a atenção dos homens quando reunidos em suas alcatéias.

Não importa o tema: homens bonitos, trabalho, filhos, empregada, projetos pessoais, uma nova tintura para os cabelos. Até mesmo brigas, desaforos ou pendengas, tudo ganha um colorido especial nesses momentos de total descontração. Comentamos sobre algo terrível que o "cachorro" nos fez – nem sempre nos referindo ao animal de estimação. Lavamos e enxaguamos a alma e voltamos para casa esvaziadas, sem a mínima disposição de pegar no pé de quem quer que seja.

Renovamos nosso estoque de histórias para compartilhar com a família por dias a fio. Diversão não é pecado; assim, cada qual tem sua porção de novidades para contar à mesa; é o tal veneno antimonotonia.

Companheirismo não implica ter de fazer tudo junto, até porque certos gostos masculinos/femininos revelam-se totalmente incompatíveis. Ainda não encontrei marido capaz de levar a sério a escolha de um espremedor de batatas ou de um escorredor de talheres, às vezes importantes para nós. Em geral, somos bem mais tolerantes quando a diversão recai sobre a compra de iscas para pesca, um par de chuteiras ou um jogo de tapetes para o carro.

Podemos criar interessantes parcerias mantendo um interesse comum sob enfoques diferentes. Meu companheiro, motoqueiro apaixonado e audacioso como todo escorpiano, apreciava a motorização, o desempenho, a velocidade do veículo. Eu, virginiana prudente (para não dizer medrosa), arriscava meus palpites quanto a cor, o conforto, o design, capacetes, blusões de couro e outros adereços. Tínhamos um acordo: passeios somente aos domingos de manhã, com a cidade vazia, em velocidade de cruzeiro. Assim convivemos bom tempo, curtindo cada qual o seu bocado em torno do "nosso brinquedo".

É sempre interessante aprender um pouco sobre os passatempos favoritos do parceiro, sejam eles modelismo, futebol, cachaça ou pólo aquático. Ao compartilhar conhecimentos, descobrimos novos prazeres e tornamo-nos parte de sua "turma", emitindo opiniões por vezes abalizadas e sempre respeitadas. Ampliamos nosso modelo de mundo e somos capazes de compreender aquelas bizarras paixões que, em certos momentos, adquirem maior importância que o amor que nos une...

A questão do companheirismo invoca uma outra: a da privacidade. São momentos imprescindíveis para que cada um possa recarregar suas baterias. Quando vulneráveis à opinião, à presença ou ao simples olhar do outro, há quem necessite mergulhar fundo em sua individualidade para resgatar a própria identidade. Respostas evasivas e/ou apáticas servem de termômetro para medir o calor da relação ou o quanto estamos sendo tragados pela forte personalidade da cara metade.

Todos podemos eleger momentos de privacidade; isso não requer que o outro seja excluído de seu espaço, seus gostos ou de sua vida. Já ouvi de sábias mulheres, mestras em relacionamentos duradouros, que nunca – em tempo algum, jamais!! – se depilaram, tingiram seus cabelos, usaram máscaras de pepino, lama ou equivalente diante de seus amados. O que demonstra, através dos resultados positivos obtidos, que nem tudo precisa ser compartilhado, principalmente quando homens e mulheres representam universos tão distintos.

Há que se respeitar o que é sagrado: eu, por exemplo, não reparto cosméticos, perfumes nem roupas. Meu parceiro, um pouco mais generoso, não se importa que eu use suas meias ou uma camiseta para dormir; aparelho de barbear, no entanto, é questão de honra: ai de mim se, "por acaso", usar um dos seus para depilar as pernas... E estamos conversados.

Quem encontra dificuldades para se aventurar em um programa só seu, pode estar se perguntando: mas, com quem deixar as crianças? Elementar, minha cara: com ele!!! Da mesma maneira que o companheiro é capaz de administrar tudo quando você se ausenta por motivos profissionais ou assistenciais, também está apto a segurar a barra para que você possa curtir a vida e desfrutar seus momentos de alegria e prazer. Organize-se e crie seu "oásis particular" sempre que sentir necessidade.

Apenas não se apegue a rotinas (do tipo "terça-feira é meu dia"), porque os imprevistos e os reveses do tempo podem gerar frustração; lembre-se também de que ninguém se diverte por obrigação. Nem faça seus passeios por vingança (olho por olho, toma lá dá cá); apenas desfrute. Vale mais a intensidade que a quantidade; aqui também o planejamento é fundamental para se alcançar o resultado prazeroso almejado.

Considere estas sugestões; elas são válidas para que você possa compartilhar os mistérios, as delícias e as chatices da vida a dois. Senão, você corre o risco, a exemplo de nossas avós, de acreditar nos tais "privilégios masculinos", nas "coisas que só os homens podem fazer". E perder a oportunidade de descobrir e compartilhar certas molecagens femininas que fazem tanto bem à alma.

Não se preocupe se ele parecer mais feliz e descontraído na companhia dos parceiros de copo e de farra. Acredite: homem gosta mesmo de mulher...

Testando sua Privacidade

- De quanto tempo você dispõe para fazer "as suas coisas" (diariamente, semanalmente, mensalmente) ?

- Você faz compras sozinha, sem pedir a opinião do parceiro?

- Mantém amizade/se relaciona com pessoas do sexo oposto?

- Sai com amigos/amigas sem levar o parceiro a tiracolo?

Testando sua cumplicidade

- Que coisas você acha que não compartilha de jeito nenhum? Estaria disposta a compartilhá-las?

- Quais os últimos convites que o parceiro lhe fez e você não aceitou? É capaz de reavaliar tais situações, encontrar motivação que a leve a participar?

- Você é capaz de perceber claramente a mudança de gostos/escolhas do seu parceiro? Aceita facilmente e participa dessas "novidades"?

Coisas para se fazer juntos (ou não...)

Apresentamos a seguir uma lista de sugestões. Experimente compartilhá-las com seu companheiro e depois registre quais as possibilidades agradáveis (Sim) e quais as que causam conflitos, devendo, pois, ser evitadas: (Não).

- Compras para o lar (supermercado, utilidades domésticas, material de conservação e reforma) - Sim ❑ Não ❑
- Compras de interesse dele - Sim ❑ Não ❑
- Compras de seu interesse - Sim ❑ Não ❑
- Compras para os filhos (roupas, presentes, material escolar, etc.) - Sim ❑ Não ❑
- Presentes para amigos - Sim ❑ Não ❑
- Práticas esportivas - Sim ❑ Não ❑
- Assisitir a TV - Sim ❑ Não ❑
- Ouvir música - Sim ❑ Não ❑
- Ir ao cinema - Sim ❑ Não ❑
- Ir ao teatro - Sim ❑ Não ❑
- Visitas a parentes (inclui sua mãe e a dele) Sim ❑ Não ❑
- Visitas a hospitais e maternidades - Sim ❑ Não ❑
- Festas infantis - Sim ❑ Não ❑
- Festas com a "turma" (de infância, da faculdade, do trabalho, da academia, do curso de inglês, etc.) - Sim ❑ Não ❑
- Festas familiares (casamentos, batizados, aniversários, formaturas, etc.) - Sim ❑ Não ❑

- Programas culturais e sociais (saraus, lançamentos de livros, inaugurações, coquetéis, etc.) - Sim ❑ Não ❑

- Trabalhos assistenciais - Sim ❑ Não ❑

- Cultos religiosos - Sim ❑ Não ❑

Sem lenço, sem documento

Casamento sem contrato: isso funciona?

Vem de longe a idéia de que casamento implica, necessariamente, um contrato. Desde a Idade Média, a realeza tinha por hábito somar fortunas, comprometendo seus filhos sem levar em conta sentimentos e gostos pessoais, negando-lhes o direito de escolha. O costume se estendeu para a nobreza e, por incrível que pareça, persiste até a realidade plebéia de nossos dias.

Atualmente ainda existem uniões programadas entre pessoas de mesma raça, nacionalidade ou credo religioso por parentes, amigos e até "casamenteiros profissionais", que vivem criando combinações entre jovens casadoiros de um mesmo nível sócio-econômico. A alegação mais comum é a de que pessoas com modelos de vida semelhantes têm maior chance de um relacionamento bem-sucedido.

"Se casamento fosse bom não precisava de testemunha", apregoa um velho ditado popular. Será verdade? Geralmente os instrumentos legais primam por deixar claro como será feita a partilha em caso de separação – o que inclui a morte, separação irrevogável.

Contratos de casamento, independentemente do regime adotado (que, pelo novo Código Civil, pode ser modificado a qualquer momento da união, de comum acordo entre as partes, mediante aprovação judicial), representam a mesma coisa: estabelecem objetivamente direitos e deveres entre os cônjuges, sem jamais mencionar um "pequeno detalhe" tão subjetivo – o amor.

No tempo de nossas avós, as mulheres costumeiramente herdavam o sobrenome e os bens do marido, privilégios estes agora também ao alcance dos homens. Alguns pais, mais afoitos, ofereciam polpudos dotes aos pretendentes para que suas filhas não se tornassem solteironas encalhadas.

Grande parte dos casamentos eram arranjados, seguindo regras severas: virgindade era imprescindível, implicando anulação do compromisso – e até punição – caso não fosse comprovada pelo marido; felizmente, pela nova legislação, este tabu caiu por terra: justiça seja feita, seu homem não é mais o dono do seu hímen.

O adultério, tempos atrás condenável social e criminalmente, agora apenas pode caracterizar "a impossibilidade da comunhão de vida". Os laços sagrados do matrimônio, antes indissolúveis, já podem ser desfeitos legalmente por meio do divórcio.

Décadas mais tarde, as mulheres deixaram de freqüentar a "escola de espera marido" e lançaram-se ao mercado de trabalho, tornando-se também provedoras e donas de suas posses. Os bens femininos passaram a ser incorporados no acordo de núpcias: cada um entrava na sociedade com o que possuía, tornando-se meeiro do patrimônio total. Isso permanece na legislação atual no regime de comunhão parcial de bens: somente o que for adquirido após a união pertence a ambos. No caso de uma eventual separação, o que era de cada um no tempo de solteiro não entra na partilha.

É moda entre ricos e famosos estabelecer, por escrito, quem fica com o quê se o casamento não der certo. Preto no branco, parece-lhes mais fácil administrar os sentimentos, para não ter de rimar amor com valor; é o chamado pacto antenupcial, ainda em voga. Pois é, as uniões parecem estar ficando cada vez mais complicadas...

Exceção às regras se impõe aos maiores de 60 anos: a partir dessa idade, o único regime aceitável legalmente é o de separação de bens, afastando tipos interesseiros de qualquer sexo, de olho na herança dos "velhinhos e velhinhas". Salvo ironias do destino, seriam eles os candidatos mais prováveis a um breve último suspiro.

São deveres explícitos na lei: fidelidade, vida em comum (incluindo compartilhamento de domicílio) sustento, guarda e educação dos filhos, assistência, respeito e consideração mútuos. Levando-se em conta o domínio legal ao pé da letra, muitos de nós admitiriam a possibilidade real de figurar na vasta lista dos infratores da lei.

Particularmente, não aprecio o casamento contratual. Acredito que as normas que tornam uma relação estável precisam ser definidas entre as duas partes, caso a caso, de acordo com suas necessidades e uma dose generosa de bom senso; não me parece adequado seguir qualquer tipo de convenção externa pré-estabelecida.

Minha advogada e consultora, Dra. Natália, enfatiza o lado positivo do contrato, uma vez que regulamenta as hipóteses de separação e de extinção do casamento, protegendo os incautos de parceiros mal-intencionados. Mas, todas sabemos, não são apenas os bens que contam no sucesso de uma relação; pequenos problemas do dia-a-dia vivem minando os relacionamentos e transformando contos de fadas em filmes de horror, não importando quanto dinheiro esteja envolvido na questão.

Sei que o casamento sem papel, em que se discute, ponto por ponto, as atribuições de cada um na parceria, só é possível entre pessoas maduras e bem resolvidas; a convivência se torna estimulante, projetos são desenvolvidos em comum acordo para longo, médio e curtíssimo prazo. A programação diária é motivo de diálogo e de união; a regra é não ter regras, desde que o respeito mútuo seja o primeiro e único postulado.

Quando se planeja a vida cotidiana, decidindo juntos cada detalhe, o sentimento de companheirismo e cumplicidade se estreita, diferentemente do que se lê nas entrelinhas contratuais. No entanto, uma vez criada uma norma, ela deve ser cumprida, cabendo, a qualquer tempo, o direito à sua revogação.

Um amigo psicólogo, certa vez, expôs com simplicidade e sabedoria um entrave ao bom relacionamento. "Muitas vezes, às vésperas de se casar, a mulher encarna o papel de esposa perfeita, a verdadeira rainha do lar", observou. "No entanto, quando trabalha fora, ela sofre tanta pressão quanto o homem. Seu dia tem apenas 24 horas, e quando ela se vê cansada, tendo assumido o compromisso de lidar com as tarefas domésticas, torna-se uma criatura desequilibrada e mal-humorada, vestindo a carapuça de vítima e estragando seu relacionamento afetivo. Descobre que não tem tempo para cuidar pessoalmente das camisas do marido ou preparar jantares românticos todos os dias. Então, é hora de pedir ajuda e mudar as regras do jogo, contando com a colaboração e consenso do parceiro"

Se, por um lado, isso acontece com a mulher, também o homem pode ser vitimado pela "síndrome do provedor principal". Maridos que rezam pela antiquada cartilha machista e insistem em arcar com o "grosso" das despesas, deixando sob a responsabilidade da esposa apenas certas "perfumarias", ao longo do tempo sentem-se explorados, acreditando que quanto maiores forem suas contas bancárias, mais serão amados. Envolvem-se numa rotina de trabalho estressante em busca de ganhos extras, sem perceber que não arrumam tempo para desfrutar de momentos agradáveis junto à companheira querida.

Tudo isso faz parte de um acordo silencioso e invisível, subentendido nas entrelinhas do contrato de casamento. Se não houver diálogo e discussão, de nada valerá um código inteiro, mesmo que tudo ali esteja escrito. O casamento verdadeiro, que simboliza a união amorosa e prazerosa de duas pessoas, não pode ser resumido em algumas poucas páginas, por mais detalhes e respaldo legal que estas contenham.

A assinatura de um pacto nupcial, para mim, é muito menos representativa que um rito de união espiritual, um ato religioso em que as partes comprometem-se publicamente com amor e respeito mútuos. Já presenciei casamentos segundo a tradição católica, ortodoxa, judaica e até mesmo um culto ecumênico privilegiando rituais do xamanismo e do candomblé; tais cerimônias são emocionantes e dão sentido ao rito por deixar transparecer o sentimento que envolve o casal.

Nesses momentos, quando os parceiros demonstram publicamente seus sentimentos, contagiam os presentes; todos os participantes experimentam aquela sensação de união verdadeira, o empenho sincero de cada um para que o relacionamento perdure. Todos os corações são tocados pela força desse ritual que não é compromisso, mas comprometimento, expressão de um desejo que transcende a matéria e revela a vontade do espírito na construção de um caminho único rumo à felicidade.

Nos dias de hoje, "até que a morte nos separe" parece ser um tempo demasiado longo. Certas uniões, formais ou não, baseiam-se num impulso momentâneo ou em causas externas como, por exemplo, uma gravidez não planejada ou a satisfação dos familiares que prezam a instituição casamento. Há que se aprender com isso, mas nunca através do sofrimento.

O ser humano preza sua liberdade, principalmente a de escolha; assim sendo, nada justifica que, em nome da moral e dos costumes, desperdicemos nossas vidas abrindo espaço para a hipocrisia, perpetuando relacionamentos de fachada. A estabilidade de uma união transcende contratos e convenções sociais.

O exercício da paixão e do amor devem ser diários; a atenção e compreensão se voltam para cada pequena mudança manifestada pelo parceiro. É fácil e gostoso apaixonar-se diariamente por alguém diferente que, no fundo, é sempre a mesma pessoa, aquela que, no passado, escolhemos acreditando ser "para sempre". Agindo assim, aumentamos as chances de prolongar esse relacionamento – quem sabe por toda nossa existência?

Aceite o desafio, compartilhe, divirta-se. Lembre-se de que somente o afeto, o companheirismo e a sinceridade garantem a felicidade conjugal. Pense nisso e aprenda a confiar mais nas palavras que vêm do coração do que naquelas assinadas em cartório, com testemunhas e firma reconhecida...

Passando a limpo

- Examine seu relacionamento e verifique quão importante é, para você, o contrato de casamento. Informe-se sobre os prós e contras oferecidos pela legislação vigente e decida conscientemente, para não se arrepender depois.

- Seu casamento foi confirmado por alguma cerimônia religiosa? Qual o significado disso para você?

- Verifique se está na hora de reafirmar seus votos de amor. Faça-o sem constrangimentos, seja numa cerimônia pública, envolvendo amigos e familiares, ou íntima, num ritual que envolva apenas você e a pessoa amada.

Uma segunda chance

Refazendo-se de um antigo relacionamento

"De repente do riso fez-se o pranto
Silencioso e branco como a bruma
E das bocas unidas fez-se a espuma
E das mãos espalmadas fez-se o espanto."

(Soneto da Separação - Vinícius de Moraes)

Um dia você desperta e tudo ao redor lhe parece estranho. Quem é esse homem a seu lado? Sem o encanto e o viço da juventude, esse senhor cansado, que vive reclamando da vida, nem de longe lembra o namorado, o amigo, o amante. As marcas na parede nunca pareceram tão incômodas, tão presentes. E trazem à lembrança todas as grosserias, indelicadezas, mágoas profundas. Quando a sensação se repete dia após dia, você tem certeza: acabou. É chegado o momento de arrumar a mala ou a vida.

Separação acarreta perda, por isso é sempre triste e dolorosa. Vão-se os sonhos, algumas ilusões e uma parte daquilo que de melhor tínhamos a oferecer. O pesadelo parece interminável, mas nada como o tempo para curar as feridas... Recomposta, algo refeita, você decide ir à luta, em busca da merecida felicidade.

Como gata escaldada tem medo de água fria, nem toda mulher aposta suas fichas num novo relacionamento. Para algumas, vale o ditado: errar é humano, repetir o erro é burrice. Há também aquelas que acreditam que "quem muda de marido, apenas muda de defeito..." E tentam reformular o velho relacionamento através de uma conversa franca, o que requer dose generosa de boa vontade e receptividade por parte do companheiro.

É difícil, mas não impossível. Principalmente quando ambos reconhecem, no fundo dos olhos do outro, aquelas criaturas apaixonadas que, no passado, trocavam juras de amor. Aceitar as mudanças de parte a parte é o maior desafio; flexibilidade e maturidade são matérias-primas fundamentais para o sucesso dessa reforma, além, é claro de um bom projeto. Convém estabelecer um prazo final para tal "reconstrução". Senão, a vida se torna uma espera sem fim, gerando ansiedade e conseqüente frustração. Lembre-se: o tempo é o único bem que não se recupera, invista certo para não se arrepender futuramente.

No que se refere a novas tentativas na busca do companheiro ideal, já vi as mais incríveis histórias. Conheço a mulher, pouco mais que uma adolescente, que perdeu o companheiro num desastre aéreo. Viúva e grávida, arriscou-se num novo relacionamento, alguns meses depois do nascimento da filhinha, com um antigo pretendente. Recuperada, realizou com o novo marido o sonho de uma família, coroada por mais cinco filhos. Quem os vê tão unidos e apaixonados, quarenta anos depois, nem de longe desconfia que existiu um "outro" em suas vidas.

Há também o caso da amiga especializada em "casa/ separa, casa/separa". Já perdi a conta de quantas vezes ela jurou ter encontrado a cara metade, "Este sim, é perfei-to!!", repete entusiasmada a cada conquista. Seu modelo de "perfeição" consiste em um belo corpo malhado, muitos anos mais jovem, muita disponibilidade para amar – e pouquíssima para trabalhar... Repetindo o padrão que não deu certo, ela se vê às voltas com o mesmo indesejado resultado. E reclama da vida, apoiada no velho jargão de que "todos os homens não prestam".

Uma vizinha tentou o que se pode chamar de "mudança radical". Esportista e jovial, adorava aventurar-se com o primeiro marido em viagens de moto, campings selvagens, escaladas e até saltos de pára-quedas. Não foi possível, no entanto, conviver com o lado imaturo do garanhão quarentão que vivia "azarando umas gatinhas".

Eis que ela lhe deu o bilhete azul e passou a viver sozinha até sentir-se atraída exatamente pelo oposto do ex: um cinqüentão executivo, do tipo metódico, apreciador de xadrez e de um bom cachimbo, seguidor religioso dos horários por ele impostos, leitor de jornal na cama, sempre metido num robe de chambre.

A mulher bem que tentou carreira solo em seu mundinho esportivo, participando de minimaratonas em finais de semana, fugindo para a academia nos horários compatíveis, sonhando com novos horizontes ecológicos a explorar. Não deu certo. Os restaurantes da moda, favoritos de seu novo companheiro, com suas irresistíveis e calóricas iguarias, não combinavam com seu perfil "sarado". Infeliz com a nova frustrada tentativa, choramingava: "Os homens são todos uns egoístas, não dá pra ser feliz."

Ele estava sozinho, tinha dois filhos, um de cada casamento; ela tinha uma menina, de um relacionamento anterior complicado, com um homem casado. Resolveram juntar esforços e a prole diversificada, baseados exclusivamente numa forte atração e no sentimento característico das pessoas de boa vontade. Dessa quase molecagem, surgiu um amor sincero e maduro, que estruturou-se aos poucos, dando espaço a uma grande e heterogênea família, consolidada com mais uma garotinha. Quem disse que o mundo é dos certinhos? Com respeito e objetivos comuns, o que começou como amizade e apoio mútuo evoluiu para um casamento sagrado, superando todas as expectativas e convenções.

Há também a incrível história do retorno ao primeiro amor. Conheceram-se adolescentes, namoraram, separaram-se por imposição dos pais. Mesmo casados, mantinham um romance do tipo "tudo bem no ano que vem", encontrando-se às escondidas sempre que possível. Mudanças vieram: de emprego, de cidade, de estado. E nada fazia esmorecer aquela paixão juvenil. Um dia, a esposa dele anunciou que ia embora; partiu, literalmente, atrás de um disco voador. Ele ligou, dizendo: "Ela me deixou."

Sem perder tempo, ela fez as malas, a pretexto de internar-se num spa, e foi conferir de perto as reais possibilidades e condições de vida em comum. Voltou, pediu o divórcio. Acertou a guarda dos filhos e carregou-os para o longínquo estado, numa viagem de férias que perdura até hoje. Em uma semana, foi capaz de resolver o que muitas mulheres – e homens também – levam meses, anos, décadas para decidir. Às vezes, é preciso muita coragem e ousadia para transformar sonhos juvenis em realidade. Juntos, eles conseguiram.

De fato, não há fórmula infalível para quem almeja uma segunda chance visando acertar num relacionamento de ouro. Alguns pontos, no entanto, são fundamentais nesse processo de reestruturação. O desejo de mudança, por exemplo. É preciso flexibilidade e disponibilidade para aceitar o novo, mesmo que sejam "novos defeitos". Modificações interiores são exigidas; talvez , no fundo, você esteja insatisfeita com aspectos negativos de sua própria personalidade, aqueles que se tornam facilmente visíveis quando projetados no outro.

Repetir um padrão, via de regra, conduz ao mesmo tipo de relacionamento insatisfatório; às vezes perseguimos obsessivamente o mesmo invariável perfil por medo de mudanças radicais que nos colocam frente a frente com o "terrível desconhecido".

Buscar no parceiro o que nos falta não significa que ele representa, verdadeiramente, nossa parte complementar. Temos de estar inteiras para mergulhar num novo relacionamento, que só vale a pena experimentar depois de curarmos nossas próprias feridas. Se necessitar de socorro urgente, recorra a um médico, a um psicólogo, a algum tipo de terapia; evite projetar no companheiro suas angústias, medos, incertezas.

É preciso abandonar também todo tipo de generalização; quando você acredita em besteiras do tipo "nenhum homem presta" ou "homem é tudo igual, só muda o RG", cria um bloqueio mental em seu radar seletivo, apto para localizar um tipo diferente – exatamente aquele que você procura – em meio à multidão.

Ante essa programação defensiva, mesmo que lhe apareça pela frente um tipo "tudo de bom", lindo, desimpedido, romântico, honesto, inteligente e trabalhador, ele não terá vez, porque o radar-poupa-decepções sinalizará com a mensagem automática: *"Perigo!"* ou *"Modelo virtual; este homem não existe, mas, se existir, será desintegrado em cinco segundos!"*. Relaxe e reflita: existem alguns bilhões de homens sobre a face da Terra, é praticamente impossível que nenhum deles esteja à altura de suas exigências.

É interessante notar como algumas mulheres inteligentes, bonitas e bem-sucedidas profissionalmente tornam-se vulneráveis e inseguras quando se trata de encarar um relacionamento amoroso.

Objetivos emocionais, como o "grande encontro" podem – e devem – ser planejados como outros quaisquer, não precisam ser abandonados à mercê do acaso ou do destino, como se independessem de sua vontade. E isso inclui muito mais que a simples audácia de freqüentar bares de paquera ou "emperuar-se" para chamar a atenção. Requer atitude, vontade e ação. Ou, como enfatiza minha orientadora: agenda, foco e método. Aliás, bons lemas para qualquer coisa que se queira na vida.

Sabemos que é possível optar pelo caminho da individualidade – talvez uma segunda chance para fazer somente o que se quer, sair por aí livre como um táxi. Quem escolhe permanecer só, em geral, não padece de solidão. Corre o risco, é certo, de everedar pela senda reta e direta do egoísmo, vivendo sob a redoma protetora de sua exclusiva vontade. Afinal, relacionamentos amorosos que incluem convivência sob o mesmo teto são excelentes escolas para o desenvolvimento da saudável arte da convivência. Considere isso ao fazer sua opção.

Uma vez consciente de suas possibilidades, vá à luta. Você tem todo direito de tentar. Não contabilize os erros, invista nos acertos. Tenha em mente que as oportunidades só aparecem para aqueles que vão ao seu encontro. Siga em frente com confiança, alegria, fé na vida e muito amor no coração. E que você encontre o seu verdadeiro lugar no mundo, quem sabe em boa companhia...

Receita para arranjar um companheiro

Ingredientes:

- Faça uma lista das características que não aprecia em seu relacionamento anterior/atual. Passe a limpo suas anotações, escrevendo, ao lado, como gostaria que as coisas fossem.

- Escreva todas as características que considera essenciais num companheiro: tipo físico, características emocionais/de personalidade, perfil profissional, estado civil, filhos, poder aquisitivo. Releia e elimine da lista o que não tiver importância para você.
- Anote no verso as características negativas que você não aceita de jeito nenhum. Passe a limpo e guarde num lugar de fácil acesso, para conferir quando precisar.

Preparo:

- Proponha uma data futura para encontrá-lo (ex.: "até meu próximo aniversário", "até o Natal", etc.). Esta informação é importante para sua mente inconsciente "agendar" o acontecimento, acionando o "radar" das oportunidades.

- Complete a frase acima no presente do indicativo; ou use gerúndio Ex.: <u>No meu aniversário</u> (diga o dia, mês e ano futuro) estou [namorando/viajando/saindo/casada] com um homem (até 30 anos, alto, moreno, divorciado, sem filhos, profissional liberal, carinhoso, inteligente, extrovertido, etc.). Lembre-se de relacionar todas as qualidades importantes para você.

- Visualize a pessoa "sem vê-la". Deixe o Imaginário agir: evite o "vodu" fi-xando o pensamento em alguém conhecido. Dê uma chance ao destino – quem sabe a vida não lhe reserva uma surpresa bem melhor? Você pode "visualizar" alguém "sem rosto", por exemplo, visto de costas; ou pode estar falando sobre ele (sem vê-lo) numa imaginária conversa ao telefone com uma amiga (neste caso, visualize-se ao telefone, descrevendo suas características gerais, conforme a sugestão acima).

- Consulte suas listas cada vez que deparar com o "candidato a marido/companheiro"; se ele tiver qualquer uma das características negativas, fique atenta: é bem provável que ele não seja o almejado "príncipe encantado". Procure fixar-se sempre nas características positivas (aquelas que aprecia) em vez de evitar as que detesta.

Para reformular seu relacionamento atual:

- Examine sua real disponibilidade de mudar; e a real disponibilidade /vontade do parceiro.

- Exercite sua flexibilidade e criatividade (Quem sabe revelando-se "uma nova pessoa" seu companheiro atual também passe a apresentar características positivas reprimidas até o momento?)

Em qualquer situação:

- Uma vez decidida, vá em frente, seja para continuar, seja para desistir. Libere o passado: siga, confiante, seu novo rumo.

Do jeito que a gente gosta

Orgasmo é direito adquirido e não dever a ser cumprido

Em 8 de março comemora-se o Dia Internacional da Mulher. Apesar de tudo o que conquistamos e do respeito cada vez maior à condição feminina, vez por outra deparamos com estranhas tradições que reproduzem histórias e atitudes grotescas, remetendo-nos a algum obscuro lugar do passado.

Exemplo disto é o costume da fibulação, presente em alguns países africanos, que consiste no fechamento da vagina por meio de uma costura, a fim de evitar a penetração. Ou a ablação de genitais, outra face terrível da barbárie e da violência impostas à mulher, ainda em voga nos dias atuais em alguns países seguidores da tradição muçulmana fundamentalista.

Em pleno século XXI, meninas sofrem mutilação genital, tendo o clitóris, os grandes e pequenos lábios vaginais amputados a sangue frio. A "cirurgia", realizada sem os mínimos critérios de higiene, emprega uma navalha comum e nenhum tipo de anestésico.

Parece incrível, mas nesse mundo ainda dominado pela força física e intelectual dos homens, é proibido à mulher manifestações de afetividade, e principalmente, de qualquer gesto cuja conotação remeta ao gozo sexual.

No Brasil, discussões sobre frigidez feminina, direito a orgasmo, homossexualismo e outras relacionadas à utilização do corpo como instrumento de prazer ganharam força a partir dos anos 60. Nas décadas seguintes, a discussão esquentou com a tradução de importantes best-sellers que trouxeram luz à causa feminista. Na década de 70, lembro-me bem, causou polêmica *O Relatório Hite*, de Sharon Hite. Tratava-se de um minucioso estudo sobre a sexualidade feminina realizado nos Estados Unidos, enfatizando, sobretudo, a importância do orgasmo para o equilíbrio físico e mental da mulher.

Segundo a OMS – Organização Mundial da Saúde –, o prazer sexual é, de fato, um dos indicadores utilizados para mensurar a qualidade de vida de uma pessoa, juntamente com convívio familiar, estabilidade profissional e lazer; isso reforça a idéia de que quanto melhor nossa vida na cama, mais prazerosa e satisfatória fora dela.

Dez entre dez revistas femininas da atualidade abordam o tema; e parece que já não há muito mais o que inventar a respeito. De visitas a *sex shops* a jogos de infidelidade; de posições tântricas a lições de *strip-tease*; de brincadeiras quase ingênuas às que beiram a pornografia – às vezes, o ridículo –, de tudo um pouco se destaca nas chamadas de capa, na tentativa de ensinar você a obter e proporcionar mais prazer sexual.

Ante tão insistentes apelos, que fique bem claro: a conquista do gozo não deve ser encarada como a ditadura do prazer. Orgasmo é direito adquirido, não dever a ser cumprido. Você pode desfrutar de sua sexualidade livremente, sem imposições, pois não existe relacionamento prazeroso tendo em vista o estrito cumprimento das obrigações conjugais, o exclusivo bem-estar do parceiro ou a necessidade de se atingir o clímax em cada relação.

Carregamos por séculos uma herança preconceituosa e repressiva em relação a sexo. Em nossas mentes pesam tabus, preconceitos, moralismos reais e imaginários, dogmas educacionais, preceitos familiares, uma verdadeira bagunça, mais para samba do crioulo doido que para código de ética, moral e bons costumes.

A visão machista também contribuiu para confundir-nos ainda mais após a chamada "revolução sexual feminina", ao acenar com maliciosas diferenças entre a mulher liberal e a mulher liberada. À primeira, atribuiu-se a condição de livre e bem resolvida, enquanto a segunda passou a representar aquela eventualmente desejada, por vezes possuída, mas quase nunca escolhida como companheira, para relacionamentos estáveis.

Liberal é a mulher descolada, que sabe o que quer, bruxa tradicional arquetípica – aquela que escolhia os consortes para se divertir nos Sabás (e pobre deles se não dessem no couro!). Liberada – numa acepção preconceituosa do termo – é a que "libera geral", a fácil, a libertina, "a que dá pra qualquer um", a vulgar.

Enquanto uma constitui ameaça pela independência, a outra assusta pela naturalidade com que responde a seus instintos dadivosos. Resta aos machos, como opção, um grupo casto do qual fazem parte as travadas, as virginais, as insossas decentes, que lhes garantem passaporte carimbado para os prazeres extraconjugais.

Em meio a tantos modelos de comportamento sexual propostos nessa grosseira "classificação", não nos parece tão simples escolher qual o melhor a ser adotado para o bem de todas e felicidade geral da nação. Além disso, imaginamos saber o que os homens esperam das deusas liberais: que sejam elas louras, lindas, desejáveis, mulatas, rebolativas, gostosas, morenas, safadas, escandalosas, ruivas, fatais, sedosas, orientais, dóceis, exóticas. Mas, que comportamento consideram adequado para nós, simples mortais, mulheres de verdade?

Tudo isso e muito mais: que sejamos boas mães, profissionais competentes (para ajudar no orçamento doméstico) e decentes, companheiras fiéis na pobreza, na doença e na velhice – embora, em seus devaneios, quase sempre nos desejem, inconscientemente, iguaizinhas às musas instantâneas, dez anos mais jovens.

Que sejamos liberais para suportar suas escapadelas, mas nunca tão liberadas a ponto de empreendermos as nossas; que nos apresentemos sempre joviais e bem-humoradas para aturar suas rabugices, esquisitices, ansiedades, frustrações. Que sejamos, parafraseando Juca Chaves, uma dama na sociedade e uma mulher-dama na cama.

Ah, e que tenhamos tesão todo dia, orgasmo a cada vez, novas e brilhantes estratégias motivadoras para proporcionar-lhes prazer, como se tudo, sempre, dependesse de nós, deles jamais.

A esta altura do campeonato, podemos – e devemos – fazer valer nossa liberdade de escolha. Afinal, toda mulher tem o direito de broxar de vez em quando. Por excesso de trabalho; por jornada tripla; por estresse; por TPM; por perder o sono; por querer dormir um pouco mais pela manhã; por acordar dez vezes durante a madrugada para checar a temperatura do filho.

Por discutir com a empregada; por levar bronca do patrão; por ter de dar bronca no subordinado; por falta de dinheiro; porque a mãe está doente; porque as crianças estão perto; porque as crianças estão longe.

Por falta (ou insuficiência) de estímulo; por não conseguir ligar sozinha o controle remoto da fantasia; porque bebeu pouco; porque comeu demais. Porque é grande demais, pequeno demais. Porque sim e ponto final.

Também podemos – e devemos – fazer valer nosso direito de desfrutar. Para tanto, não custa dar uma mãozinha à sorte, procurando desenvolver nossas habilidades naturais rumo ao prazer sexual. Instrumentos necessários: informação e autoconhecimento. Os demais, você improvisa ou compra naquelas lojinhas especializadas.

É recomendável que você saiba o que é clitóris e onde se localiza; que não há comprovação científica da existência de um tal ponto G (por isso, se nunca encontrou o seu, não esquente, você é normal); que masturbação é um polissílabo, não um palavrão; que o playground feminino é maior que o masculino, pois somos sensíveis e arrepiáveis dos cabelos até o dedão do pé (enquanto o prazer deles se concentra "naquilo").

Também convém considerar a sabedoria popular: "*antes só do que mal acompanhada*" significa que é possível o tal prazer solitário; "*mentira tem perna curta*" quer dizer que não se deve fingir só pra fazer o outro feliz pois, se ele descobre, "*o feitiço vira contra a feiticeira*".

E quando não estiver a fim, tudo bem: vale brincar de beijo, abraço e aperto de mão. E dormir bem agarradinha.

Vale ainda esboçar um roteiro do "caminho das pedras" – desde que você não assuma o papel daquelas guias de excursão bem mandonas, tão precisas quanto chatas em relação a horários e localização ("Vá em frente, mais pra direita, pra esquerda, agora vai, vai...").

Esteja certa: não há tesão que resista a tanta precisão. Lembre-se de que é normal cada qual ter seu ritmo, ninguém é obrigado a chegar junto, importante é que ambos se divirtam.

Dizem que 75% dos homens atingem o orgasmo em cerca de dois minutos e que 80% das mulheres levam entre dois a oito minutos para chegar lá. Eu, que nunca fui muito boa de matemática, não vou levar calculadora para a cama nem ficar montando equação na hora H. Recomendo que você faça o mesmo: deixe de lado as estatísticas e simplesmente curta a vida a seu modo.

Mas, caso seja jeitosa com os números, que você se prepare para ter um, dez, cem orgasmos (será essa a progressão do chamado "múltiplo"?), sem medo de ser feliz, porque o gozo é, sem dúvida, coisa de Deus, não do diabo. Mesmo provocando arreppios e aquele ar levemente abestalhado e mórbido da "pequena morte", que nos faz ouvir estranhos sininhos e gemidos do além; ou deixando na boca o insaciável gostinho de quero mais.

Resumo da ópera: ter ou não ter, eis a questão. Que deve ser resolvida de acordo com o seu momento, tornando-se solução, nunca problema. Viva sua sexualidade por puro prazer, sempre que quiser. Ah, e se a alguém interessar possa, 31 de julho foi instituído pelos ingleses o dia do orgasmo. E aí? Tá a fim de comemorar?

A rota do prazer

- Desencane, descomplique. Esqueça tudo o que você já ouviu sobre o assunto até hoje e siga apenas seus instintos, seja fiel à sua vontade.

- Lembre-se: você não precisa se fantasiar de odalisca, de coelhinha nem de porquinha-da-índia. Estudos comprovam que o tesão masculino está diretamente associado à nudez feminina.

- Momentos de sonho requerem cenários de sonho: quando quiser "caprichar" planeje hora, local e ação com carinho. A moda sugere alugar suíte nupcial em hotel cinco estrelas; se a grana não der, um motelzinho jeitoso pode ser divertido, cabendo em qualquer orçamento.

- Um clima de mistério e sedução também pode ser improvisado em casa, com sutis mudanças na decoração, comidinhas e bebidinhas exóticas ou as suas favoritas. Exatamente como você fazia nos tempos de namoro, lembra? Dá mais trabalho, mas exercita a criatividade e melhora a performance.

- Retificando a sugestão anterior, lembre-se de mandar as crianças para a casa da avó, da tia, da vizinha.

- "Foi bom pra você?" Se um dos dois não estiver se divertindo, é sinal de que não existe sintonia. Pode parecer meio maçante, mas, às vezes, é melhor dar um tempo e depois partir para uma conversa franca, tranqüila, sem alterações nem acusações. Afinal, vocês são velhos conhecidos, sabem fazer isso muito bem. Aí, um chopinho antes... quem sabe o que virá depois?

Mulher Profissional

Quem tem medo das mulheres?

Encarando a competitividade masculina...
...e a feminina!

Desde os primórdios da humanidade, a figura feminina sempre se revestiu do mais fascinante mistério. Em tempos remotos, as mulheres eram tratadas e cultuadas como deusas; repetindo o ciclo de fecundidade da Mãe-Terra, eram capazes de promover o milagre da criação em seus ventres num passe de mágica...

Rudes e praticamente selvagens, os homens primitivos não conseguiam entender como a mulher, aparentemente tão frágil, podia sobreviver aos abundantes sangramentos mensais. Um guerreiro, de constituição muito mais forte, não raro morria por um simples ferimento.

Em sintonia com a natureza, o humor das musas mudava de acordo com as fases da Lua. O macho supria suas necessidades com espírito servil: era sua a obrigação de conseguir alimentos bem como a de providenciar um lugar que lhes garantisse a sobrevivência frente às intempéries e aos inimigos naturais.

Bons tempos, os do matriarcado. A mulher fazia e desfazia, mandava e desmandava. Usando seu senso de observação, o homem foi, aos poucos, entendendo sua participação nesse universo da criação. Sua "semente" era indispensável na formação de um novo ser; a inversão de valores foi tomando vulto e a força física suplantou a magia. Superado o medo inicial, veio a fase do patriarcado, onde os guerreiros reivindicaram o que consideraram ser seu merecido repouso. A mulher passou a ser um animal doméstico, com uma agenda repleta de tarefas braçais, enquanto o companheiro se ocupava do planejamento e das decisões, tornando-se então o mentor e responsável pelo clã.

Na organização dita civilizada, era após era, a mulher vem apresentando lapsos de rebeldia explícita, botando as manguinhas de fora como quem quer assumir o comando outra vez. Historicamente, isso causa pânico ao arqui-rival masculino; hoje sabemos que existe o tal inconsciente coletivo, no qual todas as experiências e sabedoria da humanidade encontram-se arquivadas.

Assim, ao menor sinal de contrariedade, um alarme soa na mente dos homens anunciando "Perigo, Perigo!". Como aprenderam no futebol que o ataque é a melhor defesa, eles partem para a ofensiva, tentando confinar as adversárias em seu exíguo território, onde só existiria espaço para a servidão.

Esse "instinto natural" de desarmonia foi o estopim da guerra dos sexos, que persistiu por anos a fio, totalmente demodê no contexto atual. Alguns insistem nesse ultrapassado modelo, batendo na tecla do "lugar de mulher é na cozinha", "os homens são intelectualmente superiores", "mulheres possuem limitações físicas", blá, blá, blá.

Nada disso nos impressiona; acabou a "síndrome de Amélia" (aquela que achava bonito não ter o que comer); hoje vamos à luta, no melhor estilo fome zero; ganhamos para o sustento próprio, o dos filhos e, se necessário, o do companheiro também. Algumas encontram melhor colocação e remuneração que seus homens, numa convivência pacífica, aceitando tais desafios numa boa.

Depois de conquistarmos o direito de usar calças compridas e cabelos curtos; de ocupar altos postos nas forças armadas; de praticar os esportes mais radicais e decidir o que fazer com nossos corpos e mentes; depois destas conquistas, já não queremos guerrear.

Usando a inteligência que Deus nos deu, sabemos que somar é melhor que dividir e buscamos nosso lugar ao sol demonstrando competência em vez de fragilidade. Os homens parecem ter compreendido que somos seres complementares, não necessariamente opostos.

Depois de muita luta, tempos de paz. Pelo menos, era o que se esperava... Surge, no entanto, uma nova frente de batalha constituída... pela própria mulher!! Sim, pois sabedora de sua capacidade, eis que a competição se torna cada vez mais acirrada, em situações onde todas estamos habilitadas a usar as mesmas armas. Bem-vinda a igualdade de condições!

Poderosas, maravilhosas, vitaminadas. Uma vez debelado o inimigo comum – o homem, diga-se de passagem –, nosso espírito insaciavelmente belicoso aponta agora na direção de nossas ex-aliadas.

Dizem que uma mulher não se veste para si mesma nem para atrair a atenção do sexo oposto, senão para mostrar às outras quanto bonita e charmosa ela pode ser. É um tal puxa-tapete daqui, puxa-tapete dali, numa antipatia que não tem fim. Feito perua (a ave), a mulher moderna gosta de ser a tal entre as tais. E não poupa esforços, reforçando o mito de que não pode haver amizade sincera entre representantes do sexo feminino.

Muitas mulheres não possuem uma amiga sequer a quem confiariam os cuidados de seu companheiro nem para ir até a esquina. Feliz a mulher que possui em seu rol de amizades várias amigas, de todas a idades. No reino da falsidade, existe antagonismo até mesmo entre mães e filhas, sogras e noras, irmãs, primas, colegas de classe e de trabalho. E já que botamos o dedo na ferida, eis aqui uma boa oportunidade para você, mulher, repensar seus relacionamentos no instável universo feminino...

Há também as que não apreciam ser lideradas por outra mulher, afinal "o que ela tem que eu não tenho?" Pesquisas demonstraram muito preconceito feminino quanto à capacidade da mulher para dirigir, jogar futebol, atuar na política e por aí vai. Pobres de nós! Enquanto reforçarmos a crença nas diferenças, ainda que desejemos, nunca seremos criaturas de primeira qualidade...

Algumas mulheres têm o péssimo hábito de tecer comparações o tempo todo, caindo na rotina enfadonha de tentar aperfeiçoar o que não pode ser melhorado – ou, pior, o que já é perfeito. Visando a perfeição, feito clones, copiam modelos de sucesso sem o menor senso autocrítico, aderindo a modismos como próteses de silicone, tinturas oxigenadas, magreza exagerada ou o pouco saudável bronzeamento artificial. Há casos de admiração como também situações de pura inveja.

Outras se deixam abater pela síndrome da "coitadinha de mim", jogando a auto-estima pelo ralo. Têm medo da própria beleza, inteligência, capacidade. As duas categorias fazem parte do esquadrão das "Inimigas de Si Mesmas"; quase sempre, são insuperáveis em termos de crueldade, autoflagelo e auto-sabotagem.

Sim, nós temos a força. Talvez ainda não estejamos totalmente prontas para usá-la a nosso pleno favor. Não precisamos ser temidas: precisamos de treino, de tato, de muito amor. Amor à nossa própria feminilidade, às regras da Natureza e respeito ao nosso próprio poder. Precisamos manter a união entre as mulheres de todas as idades, raças e credos, protegendo-nos, compartilhando, mantendo, enfim, a harmonia da humanidade. Caminhando juntos, homens e mulheres, um ao lado do outro – uma ao lado da outra – estaremos conscientes de nosso papel e do importante lugar que ocupamos na cadeia ecológica da Mãe-Terra e no mapa cósmico do Universo.

Quais são seus inimigos?

Reflita:

- Você acredita na capacidade de liderança de outra mulher?

- Como você se relaciona com as mulheres da sua família, do seu trabalho, da sua comunidade?

- Que mulheres serviram – ou servem – de modelo para sua vida?

- Que qualidades/virtudes elas apresentam? Quais dessas qualidade você possui e quais precisa ainda desenvolver? Como vai fazer isso?

- Você está satisfeita por ser mulher?

- Você é amiga de si mesma ou pratica auto-sabotagem regularmente?

Quando menina, sempre ouvi minha mãe dizer que, numa próxima encarnação, se houvesse, queria nascer homem. Feliz com a minha condição feminina, entre laçarotes, bichos de pelúcia e bonecas, nunca entendi ao certo o porquê da preferência pelo chamado sexo forte como escolha espontânea para uma vida futura. Não saberia viver sem batom, meia fina, sapato de salto alto e uma bolsa a tiracolo. Acho simplesmente maravilhoso!!!

Competência & Excelência

**Sempre é possível fazer bem feito;
quase sempre é possível fazer perfeito**

Quando o assunto é competência, sempre surge uma calorosa discussão. Há os que defendam a idéia do dom inato, ou seja, a criatura nasce competente... ou não! E aqueles que, como eu, insistem na idéia de que competência pode ser aprendida, ainda que a duras penas. Qual das duas correntes terá razão?

É preciso partir de um minucioso exame conceitual. O que é competência, afinal? Em muitos casos, a palavra é tomada por sinônimo de excelência, do fazer bem feito, quase perfeito. No bom e velho dicionário Aurélio, encontro, dentre outras, a seguinte definição: "Qualidade de quem é capaz de resolver certo assunto, fazer determinada coisa; capacidade, habilidade, aptidão, idoneidade". Pois bem, é sobre isso que estamos falando.

Todo ser humano dotado de um cérebro normal é competente para realizar tais e quais tarefas. Algumas delas, porém, lhe parecem verdadeiros bichos de sete cabeças, enigmas terríveis, dignos de pessoas dotadas de grande genialidade. Como passar uma camisa de linho, por exemplo. É comum se ouvir dizer: "Ah, jamais conseguirei passar um colarinho *como mamãe passava...*"

Muitas vezes a pessoa nunca tentou ou então se habituou com a idéia fixa no fracasso. Partindo desses princípios, o desafio resulta impossível; convém analisar também se "mamãe" é, de fato, um padrão de excelência a ser seguido vida afora ou apenas um modelo temporal: quando criança ou adolescente, talvez sua mãe passasse camisas melhor que você; hoje, com as gomas em spray, ferros a vapor com bases de teflon, quem sabe você seja capaz de superar o modelo "mamãe" a olhos vistos.

É certo que desenvolvemos, ao longo da vida, algumas habilidades que nos parecem mais naturais, conseqüentemente, mais fáceis. Mas, como explicar casos de pessoas que tocam bem e cantam mal, quando tudo diz respeito à familiaridade com a melodia, notas musicais, compassos, etc.? Existem feras do futebol que se tornam desajeitadas diante de uma rede de vôlei (os céticos de plantão dirão: "É claro, Regina, pois se um esporte é praticado com os pés e o outro com as mãos...").

Analisando sob meu ponto de vista, futebol e vôlei são práticas coletivas, que se referem à ginga de corpo, tendo por fundamento básico o domínio da bola. Assim, quem nasceu pra Ronaldinho tem mais chance de ser Giovani que Dorival Caymmi, se é que você me entende...

Há outros casos estranhos de inabilidade, como o daqueles gourmets especializados em pratos maravilhosos da cozinha internacional que não levam o menor jeito quando o assunto é sobremesa. Estaremos marcados para sempre pelos limites de nossas aptidões "naturais"?

Atenção à boa notícia: todas nós podemos desenvolver habilidades ampliando, conseqüentemente, nossa competência na direção de outros assuntos/situações nos quais encontramos dificuldades. Para isso, é preciso saber como nos tornamos competentes para executar as tarefas que nos parecem fáceis e familiares, e repetir o procedimento para aquilo que nos parece complicado.

O desenvolvimento da competência ocorre em quatro etapas. Num primeiro momento somos *inconscientemente incompetentes*, ou seja, sequer sabemos que não sabemos realizar determinada tarefa. Tomemos o exemplo da cozinheira consagrada, muito hábil quando o assunto é massas, carnes, pratos típicos, etc. Um belo dia, o marido pede que ela "reproduza" sua sobremesa favorita, sugerindo o que há de mais fácil (de acordo com a opinião dele): um simples pudim de leite "igualzinho ao que mamãe fazia".

A receita parece banal, basta bater os ingredientes no liquidificador e colocá-los para assar em fôrma caramelada. No entanto, para sua decepção, o resultado é uma massa amorfa, ressecada e de consistência duvidosa, um tanto emborrachada. Decepção. Até aquele momento nossa talentosa piloto de fogão não sabia que poderia ser vencida por um simples pudim.

Segue a fase da *incompetência consciente* (Sim! Agora ela sabe que pudim de leite não é sopa!). A mestre-cuca passa a analisar seus erros, e através do método de tentativa/erro, põe-se a acrescentar mais ovos, diminuir a quantidade de leite, a velocidade do liquidificador, ajustar a temperatura do forno. Por fim, chega às medidas ideais, o estágio da *competência consciente.*

Orgulhosa de si, tomando notas no seu caderninho de receitas, eis que agora nossa heroína é capaz de fazer (e repetir com sucesso, sempre que quiser) um delicioso e cremoso pudim de leite, como o da amada sogrinha.

Nas tentativas seguintes, é provável que ela ainda recorra às anotações, seguindo atentamente a receita, passo a passo; depois de quatro ou cinco vezes, poderá repeti-la enquanto conversa ao telefone, assiste ao seu programa favorito ou manda o filho fazer a lição. Perfeito!! Atingiu a última e mais importante fase do aprendizado: a *competência inconsciente*.

Muitas vezes julgamos alguém incompetente quando tal pessoa não é capaz de fazer (ou faz com muita dificuldade) aquilo que tiramos de letra com um simples piscar de olhos. Para quem é amigo das palavras, parece inconcebível que alguém tenha dificuldade em redigir uma carta exigindo seus direitos de consumidor, por exemplo. No entanto, fazer a declaração do imposto de renda lhe parece missão impossível, deixada a cargo e responsabilidade do contador, que, afinal, estudou para isso...

Já vi pessoas criticarem outras por questões aparentemente simples, sem nunca se arriscarem na realização dessas tarefas tão fáceis. "Puxa!! A operadora do telemarketing tem apenas que ser simpática e gostar de falar ao telefone. Não sei por que tanto estresse, qualquer uma pode fazer isso...", resmunga a controladora de contas a pagar. "Eu sim, sofro a pressão de uma tremenda responsabilidade... Ai de mim se errar um cálculo sequer. A empresa corre o risco de perder um bom dinheiro, e eu, o emprego. Já a bonitinha... Se lhe baterem o telefone na cara é muito bem feito..."

É fácil quando se sabe. Bem se vê que a cruel criatura nunca ficou por horas a fio no telefone, ouvindo do outro lado da linha recusas e até xingamentos, com a orelha e a cabeça quentes, os ombros doloridos de tanto tomar notas, observando, desanimada, que ainda faltam umas vinte ligações para completar o mapa diário. A controladora de contas ainda está na fase da incompetência inconsciente, nem de longe imagina o péssimo resultado que obteria caso a moça do telemarketing sugerisse que, por uma semana, se invertessem os papéis.

Quem sabe ela, diante de uma nova oportunidade, não surpreenderia a todos? O fato de aceitar o emprego afeito à área de comunicações não significa, necessariamente, que ela seja inapta para lidar com números e negociar. Afinal, a seu modo, ela negocia durante todo o seu expediente...

Competência é, acima de tudo, questão de crença; e uma crença pode ser modificada sempre que desejarmos. A fórmula do sucesso para nos tornarmos competentes pode ser resumida em: *consciência da habilidade que nos falta + vontade consciente de aprender + recursos = resultado desejado*. Sem o ingrediente vontade, não é possível criar competência.

Isso explica porque alguns pais não conseguem que seus filhos se tornem competentes em matérias ligadas ao raciocínio lógico (matemática, física, química) ou ao pensamento abstrato e conceitual (história, filosofia). É preciso querer sinceramente tornar-se competente em algo, não sendo suficientes apenas estímulos externos (como a vontade do pai, por exemplo).

Se acreditarmos em limitações como "não tenho jeito para isso", "isso é para pessoas inteligentes", "meu irmão sempre foi melhor de raciocínio; em compensação eu sou a intuitiva da família" estaremos desperdiçando boas oportunidades de ampliar nosso leque de opções em todos os segmentos da vida: profissional, espiritual, familiar, em nossos relacionamentos, etc.

Após atingirmos a competência, podemos seguir, a passos firmes, rumo à excelência. Como defini-la? Uma das definições mais interessantes que já ouvi sobre o tema afirma que atingimos o grau de excelência quando *fazemos cada vez melhor e mais rápido aquilo que nos dispomos a fazer.*

Eficiência e eficácia são apresentadas no dicionário como sinônimos, mas costumo diferenciá-las com propósitos didáticos. Ser eficiente diz respeito à competência, ou seja, significa chegar ao resultado que todos esperam e que a maioria das pessoas bem intencionadas, em condições normais, alcançaria. Ser eficaz refere-se à excelência, demonstra uma capacidade ímpar de alcançar tal resultado, envolvendo sua criatividade e seu "jeitinho pessoal", que o torna diferente dos demais.

Ninguém é obrigado a ser excelente; é recomendável, porém, que se procure ser competente na realização das tarefas diárias, sejam elas prosaicas ou complexas. Regar as plantas de maneira eficaz nos permite economizar água e manter de sua saúde, viço e beleza; cozinhar de maneira competente representa saúde e bom aproveitamento de recursos; ser competente em suas atividades profissionais é o mínimo que se espera de você, está praticamente implícito no seu contrato de trabalho.

Exercitando diariamente sua competência, você estará apto para trilhar o caminho da excelência. Comece seu treinamento procurando obter resultados melhores e mais rápidos em relação àquilo que lhe dá mais prazer;

quando os resultados diferenciados começarem a ser notados, você encontrará motivação para praticar a excelência em vários segmentos da sua vida.

Teste: O Caminho da Competência

1) Para você, competência é
a) uma habilidade que nasce com a própria pessoa.
b) a habilidade de realizar tarefas com facilidade.
c) uma habilidade que pode ser aprendida.

2) Ao realizar uma tarefa, em geral você se sente
a) interessado pelo assunto que a envolve.
b) indiferente durante a realização.
c) cumprindo uma obrigação.

3) Na sua opinião, a pessoa competente é aquela que
a) é capaz de realizar uma tarefa, custe o que custar.
b) sabe fazer de olhos fechados o que lhe foi solicitado, por isso não se preocupa.
c) realiza cada tarefa visando um objetivo final.

4) Você sabe que foi competente quando
a) obtém a aprovação de quem lhe pediu a tarefa.
b) experimenta a sensação reconfortante do sucesso, estando "pronto para a próxima".
c) realiza o que lhe foi pedido.

5) Durante a realização de uma tarefa, ante uma dificuldade, você

a) entra em pânico, pois não tem idéia de como superá-la.

b) identifica rapidamente o que lhe falta para realizar o trabalho.

c) busca os elementos para realizar o trabalho, colocando-os logo em prática..

Some seus pontos e confira as respostas comentadas:

Questão 1:

a) 1 ponto - Se você acredita nisso, pode perder oportunidades de aprender coisas novas.

b) 3 pontos - Essa é, sem dúvida, a definição mais completa.

c) 2 pontos - Acreditar nisso já é um bom começo.

Questao 2:

a) 3 pontos - O interesse reflete a motivação. Sempre somos mais competentes quando estamos motivados, dando o melhor de nós mesmos.

b) 2 pontos - Fazer por fazer ou porque você acredita que "tem que ser feito" pode resultar em desempenhos medíocres.

c) 1 ponto - Fazer sem nem saber porque faz, só porque mandaram, reflete nenhum envolvimento, nenhuma motivação.

Questão 3:

a) 1 ponto - Essa atitude é típica dos "cabeças-duras" ou "burros de carga". Obstinação e teimosia não são sinônimos de competência.

b) 2 pontos - Realizar tarefas ligado no "piloto automático" faz com que você perca a noção do todo, da importância dessa realização em relação ao objetivo final.

c) 3 pontos - Melhor assim. Quando você enxerga "a luz no fim do túnel", então é dono e senhor da situação. A motivação aumenta e sua competência aflora, promovendo melhores resultados.

Questão 4:

a) 1 ponto - A opinião do chefe é mais importante do que a sua? Mal, mal...

b) 3 pontos - Bom é sentir, lá dentro, a sensação gostosa do sucesso. Isso promove mais motivação.

c) 2 pontos - Tudo bem, você é capaz. Examine, porém, se é preciso, sempre, fazer o que lhe pedem. Podem surgir soluções mais criativas.

Questão 5:

a) 1 ponto - Nem desconfia?? Precisa de alguém para lhe dizer o que está errado? Santa incompetência, Batman!!

b) 2 pontos - Melhor assim. Você já sabe o que lhe falta para ser competente, agora é só correr atrás.

c) 3 pontos - Identificou o que faltava, correu atrás, pôs em prática. Não falta nada para o resultado competente. Parabéns!

Confira aqui sua pontuação.

No caminho da competência, onde você está?

Até 5 pontos - Você está no estágio da incompetência inconsciente, nem sabe que não sabe fazer as coisas funcionarem. Reconsidere os comentários das respostas apresentados acima, mude estratégias e refaça o teste daqui a seis meses.

6 a 9 pontos - Estágio da incompetência consciente. Você começa

a perceber que precisa buscar novas informações e novos modelos para aprender mais. Reconsidere os comentários das respostas apresentados acima, mude estratégias e refaça o teste daqui a três meses.

10 a 13 pontos - Competência consciente. Você está experimentando estratégias a fim de encontrar sua própria "fórmula da competência". Siga em frente e refaça o teste daqui a dois meses.

14 a 15 pontos - Competência inconsciente. Parabéns!! Observe seus resultados práticos de suas ações e perceba o quanto você é competente!! Continue se automotivando e traçando objetivos para o futuro com sucesso!!

Dona do próprio nariz

Para ter seu próprio negócio

Quem não teve, um dia, o sonho de ser dona do próprio negócio? Geralmente, o devaneio começa após um expediente estafante, em que o patrão exige demais e paga bem menos do que você acredita merecer. Lidar com todo nível de exigência, competição interna, pepinos, condições inadequadas e a mesquinhez da nova administração que cortou até o cafezinho...

Que bom seria ser a ama e senhora do próprio tempo, tomar decisões, organizar tudo à sua maneira, sem estar atrelada a nada que a impedisse de alcançar o sucesso! O que falta a você, profissional experiente, para, enfim, ser dona do seu nariz?

A resposta que mais se ouve ante essa indagação é: capital. A maioria das pessoas afirmam não se estabelecer por pura falta de dinheiro. No entanto, mesmo sob condições financeiras favoráveis, muitos novos empreendedores experimentam bem cedo o amargo sabor do fracasso. Se, a exemplo do que dizia meu avô, dinheiro não é problema, mas solução, o que lhes falta, de verdade, para que tal ilusão se traduza em próspera realidade?

Neste novo milênio, o conceito holístico se afirma cada vez mais. É preciso que a candidata a empresária esteja engajada por inteiro no seu negócio. Houve um tempo em que as parcerias de capital e trabalho eram freqüentes e eficientes. Um sócio entrava apenas com o dinheiro, outro punha a mão na massa; os lucros eram divididos de acordo com o contrato previamente firmado, todos ganhavam e eram felizes para sempre...

Atualmente, para o sucesso de um empreendimento, é preciso ser uma profunda conhecedora do ramo em que se deseja investir; já não é possível aplicar cegamente suas economias num negócio, deixando a produção sob a total responsabilidade de uma outra pessoa, seja sócio/a ou empregado/a. “O olho (atento e sábio) da dona é que engorda o gado”, segundo a sabedoria popular.

À medida que o desemprego aumenta, cresce também a chamada economia informal. Atividades praticadas antes como “bicos”, visando apenas um reforço no orçamento doméstico, podem se tornar, de uma hora para outra, a única fonte de rendimento de uma pessoa ou família. Embora momentaneamente o “estabelecer-se por conta” possa parecer a única saída, convém analisar se essa é a sua real vocação para não investir tempo e dinheiro num trabalho sem futuro.

Os governantes têm procurado apoiar os setores das micro e pequenas empresas, com redução de impostos e simplificação da burocracia. Trabalhar na clandestinidade pode parecer tentador ou mesmo lucrativo; no entanto, a ilegalidade implicará, no futuro, numa série de aborrecimentos. Que tal descobrir se você tem jeito pra coisa antes de mergulhar de cabeça na ilusão de tornar-se sua própria patroa do dia para a noite?

Cinco habilidades são características da pessoa empreendedora nata: criatividade, senso de organização, espírito de liderança, talento para negociação e tomada de decisões. Vejamos as que você já possui e quais precisam ser aprimoradas no caso de levar essa idéia adiante.

CRIATIVIDADE - No mundo globalizado, as informações circulam com tamanha rapidez que "o que há algum tempo era novo, jovem, hoje é antigo", como diria o compositor Belchior. "E precisamos todos rejuvenescer...", ou seja, inovar. Por isso, criatividade é indispensável para quem quer se estabelecer por conta própria.

Não adianta apenas copiar os modelos que estão dando certo; há modismos cada vez mais passageiros. Ao mesmo tempo, inventar algo inédito é quase impossível. No entanto, sempre existe a possibilidade de adaptar e melhorar o que já existe; ou fazer alguma coisa a seu modo, de maneira a torná-la especial, quase única.

ORGANIZAÇÃO - Boas idéias precisam vir acompanhadas de organização, senão tornam-se irrealizáveis. Muitos novos talentos se perderam por falta de know-how – a famosa fórmula do "como se faz". Desmembrar um processo produtivo passo a passo – seja ele na fabricação de algo ou na prestação de serviços – é fundamental para o sucesso do empreendimento. Organização não é sinônimo de "mania de arrumação". Na tentativa de manter as aparências, muitos não resistem à tentação de "esconder o lixo sob o tapete"... O senso de organização se reflete na capacidade de elaborar planos e visualizar aquilo que é necessário em cada etapa para a sua realização.

LIDERANÇA - Para se dar bem como empresária em qualquer segmento de mercado, é preciso cultivar em si o espírito de liderança. A líder nata apresenta, entre outras qualidades, a comunicação fácil e o carisma de quem realmente aprecia os relacionamentos humanos. Para ela, é prazeroso estar entre as pessoas, observar suas diferenças e aprender com elas, valorizar o progresso dos outros, que reflete, por fim, o seu próprio progresso. Suas idéias são expostas e absorvidas facilmente. Suas atitudes servem de modelo ou inspiração para as demais pessoas com quem costuma interagir.

NEGOCIAÇÃO - Comprar e vender não são tarefas tão simples quanto possam parecer. É fácil entrar num supermercado, comprar uma lata de ervilhas e, na semana seguinte, escolher outra marca, caso não tenha ficado satisfeita com o sabor ou a qualidade da primeira. Mas, se você tem uma confecção, vai investir uma parte significativa de seu capital na compra de tecido – a matéria-prima básica para produzir suas roupas.

Nessa transação aparentemente simples, várias características estarão envolvidas: as cores, a textura, a durabilidade, a praticidade; se uma delas desagradar a maioria, você corre o risco de encalhar seu produto nas prateleiras, sem chance de lucrar ou mesmo recuperar o investimento. É preciso acertar também na escolha do fornecedor: preço, confiabilidade na entrega, prazos de pagamento, tudo isso precisa ser analisado. Trata-se, então, de uma compra especializada, com regras bem diferentes das que você está acostumada na condição de simples consumidora.

As vendas são outro setor que requer bastante dedicação e talento. Sabemos que talento pode ser desenvolvido – lembra-se da questão da competência? Se você acha que "não tem jeito pra coisa", há várias alternativas, entre elas montar uma equipe de vendas. É imprescindível, porém, pesquisar junto a vendedores/as bem-sucedidos quais são suas atitudes, etapa por etapa, para atender bem e manter sua clientela fiel e satisfeita.

DECISÕES - É fácil decidir a partir de duas regras básicas. Primeira: você é 100% responsável por seus resultados. Segunda: você é causa (e não efeito) de tudo o que acontece na sua empresa. Ao assumir integralmente as responsabilidades, a mulher empreendedora deixa de funcionar como um eco das experiências negativas propagadas pela maioria. Não existe o "coitadinha de mim", a vítima do Governo, da crise, etc.

Quem acredita somente nas leis de mercado (oferta e procura, estatísticas, momento econômico, desemprego generalizado, queda de consumo) se deixa envolver pelo pessimismo antes mesmo de começar. Fica acuado, sem coragem de se aventurar nessa nova – e importante – fase de sua vida. A dúvida conduz a decisões desastrosas, antecipando a desagradável sensação de fracasso.

Você não precisa ser mestre em todas essas habilidades para se estabelecer por conta própria. Lembre-se de que sempre é possível contratar alguém ou fazer parcerias com pessoas competentes que venham somar talentos e boas intenções ao seu novo empreendimento. É preciso, sim, que você tenha a mente aberta para as novidades que os desafios acarretarão em cada uma dessas fases.

É bem provável que você tenha que investir muito mais que dinheiro, também o seu tempo e sua dedicação para manter-se atualizada e criativa. Sempre vale a pena experimentar, desde que você não se lance à aventura como uma louca, que pula no abismo para saber qual a sua profundidade. Agindo conscientemente, na certeza de estar fazendo a sua parte para o seu crescimento sem prejuízo de quem quer que seja, só existe um caminho à sua frente: o do sucesso.

Dicas SEBRAE para ser uma empreendedora de sucesso

Dicas fundamentais para assegurar o sucesso e minimizar os riscos do novo empreendimento:

1) Experiência/vivência anterior no tipo de empreendimento escolhido. Os erros/falhas mais comuns são cometidos por falta de experiência e/ou conhecimento do negócio que se pretende iniciar.

2) Na falta desta experiência / vivência, recomendamos o máximo de atividades que levem ao aprofundamento do conhecimento do negócio, tais como: cursos em geral referentes ao negócio pretendido, visitas aos concorrentes, visitas a feiras e exposições do setor, pesquisas de mercado (consumidores, fornecedores e concorrentes), livros e revistas especializadas, etc.

3) Identificação da oportunidade de negócio: caso ainda não tenha a definição de qual negócio montar, o caminho é prospectar/perceber no mercado produto ou serviço mal explorado (para fazer melhor) ou inexplorado (produto ou serviço inexistente no mercado pesquisado) ou ainda, criar uma necessidade de consumo (mais complexo e difícil). A empreendedora deve estar segura de que a escolha é realmente rentável, ou seja, terá como resultado final o lucro que será a base para sua manutenção e viabilização.

4) Tendo definido o negócio que pretende montar, a empreendedora se vê às voltas com as seguintes questões: onde e como montar.

Para auxiliar nesta decisão, deve-se aplicar a Visão Mercadológica e Visão Empresarial.

5) Visão Mercadológica: está relacionada com a busca e análise das informações de mercado da atividade escolhida, identificando as reais oportunidades e ameaças ao empreendimento. Esta visão deve ser constante na vida da empreendedora (para iniciar o negócio) e da empresária (para manter o negócio).

6) Faz parte da visão mercadológica a identificação do perfil do consumidor: Onde mora? Quais são seus hábitos de consumo? A que classe sócio-econômica pertence (renda)? Quantos são?

7) Também é necessário identificar os concorrentes: Quais são seus pontos fortes e fracos? Que produtos comercializam ou que serviços prestam? Qual a opinião da clientela sobre eles?

8) A visão empresarial engloba os pré-requisitos/características da empreendedora que irão auxilia-la na identificação e exploração correta do negócio. Onde e como buscar os recursos necessários, como perceber e aproveitar os nichos de mercado? É possível, então, definir estratégias de atuação.

9) Dependendo do negócio, pode ser de fundamental importância observar: o ponto (localização), a possibilidade de agregar produtos e/ou serviços ao negócio, etc.

10) Por fim será necessário estabelecer um plano de negócio que vem a ser a análise da viabilidade econômica/financeira do empreendimento, para assegurar, com base nos dados apurados, que o negócio será realmente lucrativo e em quanto tempo o retorno do investimento será obtido. Através do plano de negócio, pode-se projetar os investimentos e a estrutura (funcionários, equipamentos, despesas) necessários ao sucesso do empreendimento.

Mais dicas:

O sistema de franquias é também uma boa opção para iniciantes. Através dele, você trabalha com uma marca já consagrada no mercado e recebe todo o treinamento para montar e operar sua loja. Existem franquias para todos os bolsos: a partir de R$ 2.500,00 (produtos de higiene e beleza); R$ 5.000,00, em média, para lojas de serviços (sapataria, consertos de roupas), sorveterias.Os ramos de alimentação, presentes, educação, vestuário apresentam preços bem variados; aqui o céu é o limite.

É preciso considerar, na hipótese de franquias, a questão do ponto, aluguel e eventual reforma. Os lucros não costumam ser imediatos.

Também é possível distribuir produtos de linhas já consagradas, trabalhando como vendedora autônoma ou constituindo uma microempresa (como no caso de roupas, bijuterias, cosméticos, produtos de limpeza). É uma maneira, sim, de tornar-se dona do próprio negócio. Assim como as franquias, tais empresas podem oferecer material para a divulgação, mostruários e até mesmo treinamento.

O Sebrae presta consultoria gratuita e oferece cursos a preços módicos para quem quer iniciar seu próprio negócio. Informações: 0800-7040421.

O lado bom do dinheiro

Ser rica não é pecado

Muitas vezes, encaramos a idéia de riqueza material como um entrave ao nosso desenvolvimento espiritual. Se bem-aventurados eram os pobres de espírito e a eles pertencia o Reino do Céu, como conviver com o dinheiro e as conseqüências nocivas que o desequilíbrio econômico vem causando aos seres humanos espalhados pelo Planeta?

A exploração do homem pelo homem, a ganância – e sua contraparte, a miséria – são amplamente divulgadas através dos meios de comunicação e nossa convivência com tais flagelos da humanidade já se tornou corriqueira, quase normal. Conceitos como o de que "dinheiro não traz felicidade, manda buscar" confundem nossos valores, na tentativa equivocada de provar que, neste mundo, só vale quem tem.

O rabino Nilton Bonder nos ajuda a refletir sobre o tema utilizando a sabedoria da cultura judaica. Segundo essa antiga tradição, é longo o caminho que leva ao bolso. Bonder nos ensina que essa trilha requer uma reflexão sobre a vida e seu sentido. "Nossa relação com o bolso revela quem somos e onde estamos neste imenso Mercado de valores que é a realidade", afirma.

Em tom jocoso, a cultura Ocidental fala sobre o amor exagerado dos judeus ao dinheiro. O cofre em forma de porquinho é uma alusão ao aspecto sujo do vil metal; em muitas caricaturas, um judeu narigudo aparece abraçando cuidadosa e carinhosamente o seu cofrinho. O narigão serviria para apurar o faro e guiar a criatura através dos "esgotos do subsolo dos sistemas financeiros".

De acordo com a cultura judaica, o dinheiro existe como símbolo do desejo de justiça. Com a natural evolução do sistema de trocas, os homens passaram a utilizar metais raros para simbolizar o valor de um determinado bem. Trocava-se, por exemplo, uma galinha por seu valor correspondente em moedas. É claro que ninguém poderia comer as moedas para matar sua fome, mas havia nessa convenção uma promessa de acordo a ser respeitado para a manutenção da ordem e bem-estar de todos. Ou seja, se o vendedor desejasse, mais tarde poderia comprar uma galinha pelo mesmo valor que recebera anteriormente. O dinheiro, inicialmente, estava relacionado à garantia do sustento.

No começo, o valor estabelecido para um determinado bem de consumo correspondia exatamente ao peso do produto comercializado (por isso os nomes "peso" ou "libra" atribuídos, mais tarde, às moedas de alguns países). Por uma galinha de 2kg eram entregues 2kg de metal precioso. Com o tempo, confiando no contrato assumido, essa correspondência foi quebrada, passando-se a usar papéis ou metais de valor inferior ao do bem adquirido, pois não haveria metal precioso suficiente para quem quisesse comprar uma boiada, por exemplo....

Assim, a idéia do dinheiro, conforme foi concebido, não é a de uma coisa ruim. Ao contrário, demonstrava um desejo de organização para que pudéssemos viver civilizadamente, mantendo uma convivência ecológica.

O dinheiro também simboliza o trabalho taxado de maneira responsável. Mas, como atribuir ao trabalho seu exato e justo valor? Os rabinos sintetizam esse cálculo através de uma fórmula simples: valor do trabalho ($) = "X" x "Y" x "Z", onde X corresponde à quantidade de oferta desse trabalho, Y à quantidade de dificuldade intelectual ou engenharia do mesmo, e Z ao esforço físico empregado na sua realização. Observe que todos os componentes são fundamentais à sua valorização exata, sendo que nenhum deles pode ter valor zero, pois isso tornaria o resultado nulo, deixando-se de agregar valor ($) ao trabalho.

A partir desses pressupostos, é possível concluir que o real valor do dinheiro está intimamente ligado à ética, ao sentido de igualdade e de justa distribuição de recursos. Os contratos de antigamente privilegiavam a honra da palavra empenhada mais que uma assinatura, endosso ou penhor de algum objeto.

Usar a moeda como valor de troca tornou-se hábito, buscando sempre otimizar ganhos para as duas partes envolvidas. Uma negociação punha à prova a espiritualidade e o senso de responsabilidade do indivíduo.

Se considerarmos os conceitos de justiça e igualdade associados ao dinheiro, entenderemos por que a tradição judaica é favorável ao "voto de riqueza", através do qual todos devemos tentar elevar, honestamente, a qualidade de vida do mundo. Por riqueza entenda-se o conceito de abundância, extraindo e transformando os recursos do meio-ambiente, de forma organizada de maneira que "tudo o que é vivo e é importante para o que é vivo exista sem escassez", explica Bonder.

O binômio abundância x escassez merece cuidadoso estudo, pois já é evidente nos dias de hoje, inclusive no mundo material. A abundância de gases lançados na atmosfera, por exemplo, vem tornando escassa a camada de ozônio que nos protege dos efeitos nocivos do Sol; se não repararmos em tempo esse desastre, estamos sujeitos à destruição do Planeta indistintamente.

Para gerar riquezas, é preciso estar atento às limitações que se impõem ao ser humano. O tempo é um fator limitante na questão do enriquecimento. O rabino nos ensina que grande parte das riquezas acumuladas em excesso (causadoras, por outro lado de escassez) são o resultado da falta do que fazer (ou de coisa melhor para fazer) com o tempo de sobra.

Segundo a tradição judaica, devemos usufruir desse bem precioso que é o tempo para trabalhar, satisfazer nossas necessidades fisiológicas (fome, sede, higiene, sono, etc.) e estudar. O estudo nos permite "ser mais e conhecer mais sobre o potencial que somos"; ou seja: auto-estima e autoconhecimento fazem parte do processo gerador de riquezas ecologicamente distribuídas. Dedicar tempo a si mesmo e ao desenvolvimento da própria espiritualidade é também fator desencadeante de abundância.

Outro conceito interessante assinala que quando trabalhamos mais do que necessitamos, estamos jogando fora nossa existência. "Por isso, é melhor nada fazer do que transformar algo em nada. É melhor defrontar-se com o nada do que tentar enriquecer além dos limites e fazer de seu tempo nada", explica Bonder. Este interessante ensinamento merece, de fato, nossa reflexão.

Os aspectos ecológico e espacial da riqueza também podem ser encarados como limitações. Criar abundância gerando escassez, como vimos, é um princípio anti-ecológico. Também é fundamental "não perder os parâmetros da razão por que buscamos ser ricos". Não se deve extrair sustento da natureza acima do necessário. É o princípio da dona-de-casa inteligente: não adianta estocar frutas e legumes na geladeira para um período superior a três, no máximo cinco dias; senão o alimento se transforma em lixo e é desperdiçado. Cada coisa – e pessoa – tem sua vez, seu momento e seu lugar.

Além disso, é preciso estar atento ao conceito de não-roubo para preservar o equilíbrio e a ordem natural das coisas. O roubo em questão não se refere apenas à usurpação de bens materiais, mas também a outros tipos mais sutis, como o roubo de tempo; a postergação, deixar para amanhã o que se poderia ter feito ontem, é um bom exemplo disso...

Bonder cita também o roubo de expectativas (quando se adia um pagamento justo, antecipadamente combinado, por exemplo, seja de um empregado que tem salário a receber ou a um credor; ou quando fazemos falsas promessas, assumindo compromissos que não serão cumpridos e trarão desilusão à outra parte envolvida, que tinha aquele resultado como líquido e certo). O jogo também pode ser considerado um tipo de roubo de expectativa, sendo que a vítima, nesse caso, é o próprio jogador. Se ele arriscar seu dinheiro sem considerar que as chances reais de ganho são mínimas e que dependem somente do acaso, estará roubando a si próprio.

O roubo ou sonegação de informação é igualmente prejudicial. E possui inúmeras variantes, como o roubo de prestígio, através da calúnia e difamação. A mentira, ainda que adotada como instrumento comercial, nos remete à questão do roubo de expectativa, colocando-nos num círculo vicioso. A sonegação de informação nos conduz ao roubo de tempo, pois alguém poderia "economizá-lo", utilizando-o de maneira mais produtiva se não o desperdiçasse chegando a um mesmo lugar por caminhos tão tortuosos...

A prática do não-roubo pode ser aprimorada através do exercício da caridade, que no sentido judaico refere-se ao ato buscar justiça por meio do gesto humanitário de compartilhar riquezas. Bonder ilustra tal conceito através de uma interessante metáfora que se refere a uma visita que chega à casa de uma pessoa justa ou de outra perversa: "O justo convida a visita para comer e participa da refeição mesmo que já tenha comido, para não constrangê-la. O perverso, por sua vez, mesmo que esteja com fome, sofre as dores da fome, em vez de participar com seu convidado da comida".

Os ensinamentos judaicos trazidos à luz de maneira tão clara e didática pelo rabino Nilton Bonder constituem, se me permitem a metáfora, um precioso tesouro... Que saibamos conservá-lo e desfrutar dele com a mente e coração abertos, para, segundo a tradição, continuar usufruindo de seus benefícios quando passarmos para "o outro lado", reforçando a crença, segundo a tradição, que "deste mundo muito se leva"...

Examine sua relação com o dinheiro:

1) Usando a equação "X" x "Y" x "Z"" = 100% onde

X = quantidade de oferta desse trabalho

Y = quantidade de dificuldade intelectual ou engenharia do mesmo

Z = esforço físico empregado na sua realização,

verifique o percentual de cada um dos fatores da equação na composição de seus ganhos atuais. Examine o resultado: lhe parece adequado? Justo? O que poderia ser melhor dimensionado para chegar à composição ideal?

2) Reflita: você está criando abundância ou escassez para si mesma? E para sua família, seu país e o Planeta?

3) Compare: Quanto você ganha? Quanto você produz? A relação entre seus ganhos e seus resultados lhe parece equilibrada?

4) Pratique o não-roubo: Você está desperdiçando tempo? Sonega informações? Gera expectativas que sabe que não vai cumprir? Mente? Que atitudes podem ser tomadas para modificar tal estado de coisas?

Mulher Intuitiva

A sagrada intuição feminina

Uma "bruxa" habita cada uma de nós?

Muito se ouve falar sobre a "bruxa" que habita cada uma de nós. Não existe mulher que não tenha uma receita mágica, uma flor ou perfume favorito, um animal ou pedra de estimação.

Todas adoramos acender uma vela ou queimar um incenso, somos chegadas a um ritual, seja participar de uma missa, tomar um passe ou contemplar o pôr-do-sol. Afinadas com o tempo, gostamos de fazer previsões, recomendando sempre às pessoas queridas que levem um casaco ou guarda-chuva, porque o tempo vai mudar...

Acima de tudo, temos fé. Fazemos promessas, novenas, sabemos rezar. Conhecemos os principais santos tais quais remédios: para os males dos olhos, Santa Luzia; para causas urgentes, Santo Expedito; para arrumar namorado, Santo Antonio; para resolver gastos extras com o cartão de crédito, Santa Edwiges...

Quando um filho ou marido se vê em apuros, não hesita em pedir à mãe/esposa que reze por eles. Feito anjos, somos, por vezes, consideradas mensageiras entre o Criador e suas criaturas. Enviamos pedidos e agradecimentos com devoção; da mesma maneira, somos capazes de dedicar o melhor de nós mesmas aos outros pelo simples prazer de servir.

São atributos femininos atitudes como doar e compartilhar; afinal, aprendemos com a maternidade a abrigar, alimentar, aquecer, embalar, acariciar. Nossos sentidos são apurados, distinguimos dentre muitos o choro do nosso bebê (e numa versão mais moderna, o toque do celular); sabemos quando o companheiro bebeu umas (e quantas) a mais; enxergamos a poeira escondida nas frestas, sem receio de "constatarmos" o fato, vitoriosas, com a ajuda de nosso dedo indicador. Somos afinadas com nossas sensações e emoções.

Um tanto instáveis, regidas pelo ciclo da Lua, vivenciamos suas fases de maneira arquetípica: a partir do Quarto Crescente, a menina dá lugar à virginal Lua Nova que, mais tarde, vive a maturidade e a gravidez, atingindo seu grau de Lua Cheia, transformada em sábia anciã na fase de Quarto Minguante.

Ao assumir variados papéis, ganhamos jogo de cintura e somos dadas a improvisos e inexplicáveis atitudes que, na maioria das vezes, acabam dando certo não se sabe por que. O arcano XIX do tarô – a Lua – simboliza a intuição feminina, aquela certeza registrada em nosso íntimo sem mais nem menos, difícil de se justificar.

Beijo de mãe cura, praga de sogra pega, olhar invejoso de rival "seca". A ciência não explica, mas, de fato, isso acontece. O contato direto com a natureza aguça nossa sensibilidade. Somos alquimistas, sabemos combinar alimentos, criar remédios a partir de ervas e purificar ambientes colocando uma flor aqui, um objeto ali.

Iluminamos caminhos com nossas velas e preces. Sabemos, intuitivamente, como as fêmeas de qualquer espécie, cuidar de nossas crias, sendo responsáveis pela perpetuação, reciclagem e formação do ser humano.

Desempenhamos importante papel no desenvolvimento da humanidade, embora nem sempre tenhamos consciência disso.

Intuição é disciplina obrigatória na formação da mulher e aprendemos a matéria da maneira mais eficiente através da tradição oral e dos exemplos que modelamos na figura de nossas mães, avós, amigas, irmãs. Conscientes dessa habilidade, hoje buscamos especialização fora da redoma protetora de nossos lares, impulsionadas sempre pelas necessidades do coração.

É notório que qualquer atividade ou curso que privilegie o hemisfério direito do cérebro – responsável pela criatividade e intuição -- mais parece um "Clube da Luluzinha". A maioria feminina é que se dispõe a praticar meditação, ioga, tai-chi chuan, pintura, culinária, jardinagem, artesanato.

Os homens buscam desculpas razoáveis para o "fenômeno", alegando existir um número maior de mulheres espalhadas pelo mundo; ou vêm com a gasta conversa de não arranjarem tempo em suas agendas para tais frivolidades, visto que se ocupam de coisas sérias, como a geração de riquezas, conforto, progresso, bens materiais. Felizmente, aos poucos, vão abrindo espaço para seu lado feminino, juntando-se a nós em busca da harmonização desses universos antes tão distintos.

A afinada intuição feminina vem sendo apreciada também no mundo dos negócios. Arrojadas, destemidas, mulheres em cargos executivos ganham credibilidade e até mesmo preferência por sua habilidade natural de lidar com o ser humano. Somos capazes, como ninguém, de interpretar os sinais que o dia-a-dia nos oferece, aproveitando cada oportunidade, embora nem sempre tenhamos uma boa explicação para corrermos o risco. O importante é que a "magia" funciona.

E como tudo na vida que requer organização, as empresas também vivem de resultados, não de complicadas e prováveis estratégias. Por isso, vamos conquistando territórios muito mais amplos que os minguados terrenos a nós destinados no passado, antes restritos à cozinha, ao quarto ou à lavanderia.

Sem falsa modéstia, somos um sucesso. Quem experimenta as delícias de ser mulher, não quer outra vida. Ou melhor: se apressa em pegar a senha e seu lugar na fila para, na próxima encarnação, nascer mulher outra vez...

Dez idéias para desenvolver (ainda mais) seu lado intuitivo

1 - Brinque e divirta-se com o imponderável. Nossa mente cria associações interessantíssimas a partir de dados considerados absurdos à luz da razão. Tente o jogo do "Como seria?" e deixe que as respostas de sua mente inconsciente aflorem. (Ex.: "Se essa pessoa fosse uma cor, que cor seria? Se fosse um animal, que animal seria?")

2 - Registre por escrito tudo o que lhe parecer "estranho" ou as famosas "coincidências". Medite sobre suas anotações.

3 - Ouça seu corpo. Siga seus movimentos naturais, deixe-se levar tal qual uma criança ao brincar de "cabra-cega".

4 - Faça uma lista de semelhanças, coisas, pessoas, fatos parecidos que acontecem/aconteceram em sua vida.

5 - Seja do contra. Imagine o que aconteceria se tudo fosse diferente/contrário aos fatos presentes (Se quiser, utilize sua lista de semelhanças...)

6 - Observe. Faça uma análise detalhada do que está vendo.

7 - Ouça. Abra seus ouvidos a sons distantes, preste atenção naquilo que lhe dizem e também na maneira como lhe dizem. Às vezes, uma única palavra ou tom de voz desagradável faz com que alguém se torne insuportavelmente irritante para você...

8 - Sinta. Aromas, sabores, texturas. Arrepios, calores, enjôos. De onde vêm essas informações e o que representam neste momento?

9 - Invente. Use sua imaginação para criar pessoas/situações ideais. Compare com o que se apresenta na sua vida real: às vezes falta bem pouco para o sonho se tornar realidade...

10 - Programe-se. Não hesite em pedir ajuda aos Planos Superiores. Faça projetos contando com recursos extras (intuitivos) para encontrar soluções criativas; em seguida, parta para a ação e perceba como novos (às vezes inesperados) caminhos se abrem para aqueles que acreditam no imponderável.

A sorte está lançada

O que dizem as cartas e outros oráculos?

Desde tempos imemoriais o homem busca prever seu futuro na esperança de modificá-lo, tornando-o mais ameno ou aprazível. Será possível? Teria sido concedido a algum ser humano o poder de fazer previsões e aconselhar seu semelhante quanto ao rumo de sua vida, passando a limpo uma página de seu destino?

Magos da Nova Era proliferam nas esquinas, no rádio e na televisão. É um tal de "Mãe Isso", "Pai Aquilo", sempre com suas promessas de fazer ou desfazer "trabalhos" para garantir sucesso amoroso, financeiro ou profissional. Muitos atribuem a si próprios dons de cura. E em meio a um ou outro milagre verdadeiro, inúmeros resultados são forjados com a intenção explícita de enganar a presa fácil, sempre envolta num emaranhado de tristezas e de dificuldades.

Em que medida um oráculo pode auxiliar alguém em seu processo individual e responsável de tomada de decisões? Na Antiguidade clássica, o significado da palavra oráculo correspondia à resposta de um deus a uma dada pergunta. Quando a ciência era ainda um arremedo da própria divindade, seria bem provável que, ante a estiagem que vivemos no início deste século na região Sudeste, algum conselheiro ou ministro, a mando da realeza, direcionasse ao "Senhor do Clima" sua angustiante questão: "a chuva virá?"

Eis que a dúvida era encaminhada através de uma sacerdotisa, guardiã do templo, criatura preparada desde a mais tenra idade para estar em ligação direta com a divindade. Após algum tempo de meditação, canalizando a vontade dos deuses, a intermediária surgia com uma resposta enigmática, capaz de receber mais de uma interpretação. Essa linguagem cifrada, com o passar do tempo, passou a significar o próprio oráculo.

Assim surgiram as artes adivinhatórias – também chamadas divinatórias, por sua estreita relação com um deus – que se perpetuam até hoje. Dos inúmeros jogos de cartas como o tarô, a popular cartomancia, o baralho cigano, às runas vikings, ao I Ching chinês e a outros, um tanto mais "lógicos", como a astrologia ou a numerologia, o mistério sempre esteve presente. Ao longo dos séculos, os símbolos expressos por esses "jogos de adivinhação" passaram a permear o imaginário da humanidade e foram perpetuados como um conhecimento esotérico, reservado a apenas alguns poucos iniciados.

Consultores das mais variadas artes utilizam o termo "jogar" no desempenho de suas atividades. Assim, "jogam-se búzios", "joga-se tarô" e outras tantas expressões são bem conhecidas daqueles que fazem uso de tais "jogadores" para buscar soluções para suas vidas, depositando no oráculo suas esperanças, e nas mãos alheias, a cura para seus males. Por conta dessa errônea interpretação, os oráculos foram confundidos com jogos de azar, brincadeiras ingênuas ao sabor do acaso, como se este fosse o Senhor dos nossos destinos.

Cabe ressaltar que muito pesquisador renomado, como o psicanalista suíço Carl Gustav Jung, buscou encontrar um sentido para esse amontoado de símbolos. Após estudar o tarô e o I Ching, Jung concluiu tratar-se de um código, uma espécie de "alfabeto" típico, através do qual se podem montar "palavras" ou mesmo "frases" e "períodos". Explico: os inúmeros símbolos presentes em qualquer oráculo clássico, à medida que são combinados, formam uma espécie de "linguagem", acessível somente àqueles capazes de "ler" seu significado. Então não se trata de jogo, mas de leitura; e, mesmo esta, é passível de variadas – por vezes errôneas – interpretações.

Costumo exemplificar com a história da jovem que recorre a uma tradutora para saber o conteúdo de uma carta que recebeu de um pretendente japonês que conheceu numa viagem de férias a Tóquio. Enquanto a linguagem limitou-se a sorrisos, carinhos e beijinhos sem ter fim, tais gestos foram suficientes para que ambos se entendessem às mil maravilhas. Eis que, passados dois meses, ela recebe aquele papel com um monte de risquinhos indecifráveis e corre à casa de Yukiko, sua melhor amiga, na esperança de que a avó seja capaz de interpretar aquela escrita tão diferente quanto enigmática.

Entre risinhos tímidos, a velha senhora diz tratar-se de uma carta de amor em que o jovem apaixonado comunica estar deixando tudo para trás – emprego, escola e família – para tentar a sorte no Brasil, vindo para cá com o firme propósito de casar-se com sua eleita. "E agora?", pergunta a garota, desconcertada. Em sua discreta sabedoria, a simpática avó apenas recomenda: "Faça aquilo que seu coração mandar..."

Imagine a confusão se, em sua inculta interpretação, a senhorinha afirmasse que "o jovem vem do Japão para caçar com você"... Mudando-se apenas uma letrinha, quanta diferença!!! Percebeu o que pode acontecer quando você se deixa iludir por um "jogador" que não sabe ao certo com o que está lidando?

Alguém que recorra a um oráculo precisa saber que qualquer um desses códigos é capaz apenas de fazer aflorar as respostas que já existem dentro da própria pessoa que o consulta. Ao proceder uma leitura, o consultor não adquire superpoderes nem se torna capaz de aconselhar ou tomar decisões pelo consulente, a menos que seja um aproveitador, um charlatão.

Para que serviriam, então os oráculos? Apenas para "puxar" do fundo do baú, que é a sua mente inconsciente, esses símbolos que ocultam as respostas – ou decisões – que você já conhece e muitas vezes não tem coragem de encarar. Servem também para organizá-los, permitindo, assim, sua interpretação.

Quem já passou por uma dessas experiências, seja a produtiva, que leva à reflexão e a um minucioso exame de seus próprios conteúdos, tornando possível encará-los e aproveitá-los; ou a desastrada, que permite que outras pessoas, quase sempre desconhecidas, metam o bedelho em seu destino – sabe que a decisão final compete exclusivamente a si mesmo, na representação mais legítima da sua vontade.

É sempre bom lembrar que a maioria dos oráculos constitui até hoje códigos ou "linguagens" exploradas esotericamente pelo fato de compreenderem um grande número de símbolos (no tarô, por exemplo, são analisadas as figuras, sua disposição, as cores, naipes, etc.; na astrologia, verifica-se a posição dos planetas e constelações, as chamadas "casas", os arquétipos de cada signo no mapa astral do consulente, a mitologia que os envolve, etc.).

Quanto mais rico o código, mais complexa é a sua leitura; por isso, muitos charlatães valem-se da ingenuidade alheia para dizer o que vai por suas cabeças ocas, sabedores de que o inocente consulente não entende nada daquilo que lhe será apresentado, tomando cegamente tais informações como verdadeiras.

Outros oráculos são mais simples, como a numerologia (que se vale, basicamente, do significado de nove símbolos principais, os números de 1 a 9); a cartomancia, que também utiliza os números de 2 a 10, mais 4 figuras (às, valete, dama e rei), considerando ainda os naipes (ouros, paus, espadas e copas) e as cores (vermelho e preto); ou as runas, alfabeto viking composto apenas de 24 letras mais uma pedra em branco. Divulgados amplamente através de literatura muitas vezes acessível, podem ser explorados exotericamente, como um agradável exercício de autoconhecimento, deixando aflorar conteúdos embutidos em sua mente inconsciente.

Somente você é capaz de influir sobre aquilo que considera ser a sua sorte. As dificuldades apenas podem ser superadas quando é você quem enxerga a saída. Oráculos são úteis como instrumentos de autoconhecimento e constituem uma linguagem para promover o diálogo interno. Se desejar exercitar-se ou mesmo aprimorar-se, são caminhos válidos, desde que você se submeta a esse intrigante tipo de "alfabetização", agindo com toda responsabilidade.

E mesmo que se torne capaz de compor "palavras", "frases" ou "parágrafos" inteiros combinando seus símbolos, lembre-se que nenhum ser humano tem o direito de decidir o destino de outro, por mais informado que seja.

Você faria uma operação de catarata nos olhos de um amigo se não tivesse a certeza de que está capacitado para devolver-lhe a visão? Pense nisso quando começar a montar seus primeiros quebra-cabeças com a ajuda dos oráculos, pois movido pelo entusiasmo dos bons resultados iniciais, você pode esquecer que é humano, tentando colocar-se um degrau acima, acreditando que seus poderes divinatórios serão capazes de consertar o mundo.

Algumas vezes, é confortável receber conselhos e opiniões de outras pessoas quando nos sentimos encurralados num beco sem saída. Ocorre, infelizmente, que muita gente ainda se vale do desespero do semelhante para faturar algum trocado... Não engrosse as fileiras dos oportunistas. Dotada de mais este conhecimento, não se deixe enganar: além de contar com sua própria sabedoria você sempre pode recorrer a uma dose extra do poder Daquele que a fortalece.

Algumas recomendações úteis:

1 - Existem oraculistas sérios e competentes, capazes de ajudá-los a "decifrar" um momento qualquer de dificuldade em sua vida com a ajuda dessa linguagem simbólica. Caso sinta uma "vontade irresistível " de recorrer aos conhecimentos de alguém, certifique-se do caráter e da competência do consultor.

2 - Ao submeter-se a qualquer tipo de "leitura", esteja atento à chamada "leitura fria". Usando esse artifício, o falso oraculista faz afirmações tão genéricas que qualquer pessoa se encaixaria em suas descrições (Ex.: "Você é uma pessoa tímida, mas, em certos momentos, sente-se à vontade e consegue expressar-se sem dificuldades..."; é óbvio que qualquer pessoa, em "certos momentos", em meio a "certas" companhias, se sente à vontade...). Caso sinta-se envolvido nesse tipo de armadilha, teste a "sabedoria" do "jogador" pedindo a ele que seja mais específico ("A que momentos você se refere, especificamente?")

3 - Se desejar submeter-se a uma consulta, escolha um tipo de oráculo com o qual tenha alguma empatia. Por exemplo, se você não gosta que toquem em você, evite a quiromancia, pois o consulente terá que pegar sua mão, quem sabe flexioná-la ou mesmo alisá-la; faz parte da leitura...

4 - Caso queira dedicar-se ao estudo de um oráculo, procure também um com o qual tenha alguma afinidade. Se possível, procure começar pelos mais simples (como os citados no texto).

5 - Não aposte todas as suas fichas numa consulta. Sua vida, sua felicidade não dependem dos resultados apontados por um oráculo. Uma recomendação ainda mais sensata: simplesmente não aposte nos conselhos de pessoas nem sempre bem preparadas para a arte do aconselhamento!!! Escute, reflita, pondere. Acima de tudo, acredite em você e na sua própria intuição!

Esotérico ou exotérico?

O que é magia, o que é enganação?

A curiosidade humana parece mesmo não ter limites. Na tentativa de responder a uma simples questão – quem sou eu? – muitas pessoas buscam explicações em qualquer tipo de seita ou filosofia que proporcione certo alívio às suas aflições. Agindo assim, deixam de lado o bom senso, a ética e os ensinamentos básicos que tornam possível a convivência pacífica e amorosa com o próximo.

Ensinamentos esotéricos foram se acumulando com o passar do tempo. A palavra *esotérico* vem do grego, *esoterikós*, e seu primeiro significado refere-se ao ensinamento reservado, exclusivamente, aos discípulos das escolas filosóficas gregas completamente instruídos. Por extensão, passou a significar ensinamento ministrado a um círculo fechado de ouvintes e, mais tarde, tornou-se sinônimo de ocultismo ou daquilo que é obscuro, hermético, compreensível apenas por uns poucos "eleitos".

Já o termo homófono *exotérico* – com "x" mesmo –, ao contrário, refere-se ao ensinamento destinado ao público em geral, tal como era ministrado nas escolas da Antigüidade grega; considerado de interesse generalizado, é acessível, provável e verossímil.

Algumas tradições permanecem esotéricas até hoje, como a Ordem dos Templários, a Franco-Maçonaria, a Ordem Rosacruz, a Gnose ou movimentos como o Pró-Vida e similares. Para ingressar em qualquer uma dessas ordens, o interessado deve manifestar claramente seus conhecimentos prévios, suas intenções e expectativas. Em geral, seu acesso é facilitado através da indicação de alguém já iniciado.

Suas aspirações são então verificadas por membros de graus elevados dentro de cada tradição, que analisam a capacidade do aspirante quanto a seu envolvimento pessoal e a legitimidade de sua busca. Uma vez tendo sido aceito, o novo membro passa por algum tipo de iniciação, geralmente de cunho ritualístico, através da qual se compromete a manter em segredo as informações ali divulgadas, preservando seu caráter esotérico.

Se você nunca parou para pensar no assunto, talvez esteja se perguntando: em plena Era da Comunicação, onde os acontecimentos são divulgados quase que instantaneamente por meios cada vez mais rápidos como o telefone celular e a Internet, por que alguns conhecimentos deveriam ainda manter-se restritos a um pequeno e seleto grupo de estudiosos? Simplesmente porque, voltando ao sentido primeiro da palavra, algumas dessas informações apenas podem ser compreendidas pelos discípulos "completamente instruídos", ou seja, aqueles que se dedicam ao estudo profundo desses preceitos, analisando-as segundo um contexto sócio-político-histórico-cultural que lhes seja pertinente.

Ao tentar "traduzi-los" para os dias de hoje, muita coisa pode parecer tola, fútil ou confusa por reproduzir tais conceitos apenas parcialmente. Informações de cunho filosófico – de caráter holístico, amplo, total – não podem ser banalizadas nem simplificadas a ponto de se perderem partes, muitas vezes fundamentais, de seu rico e profundo conteúdo.

Por exemplo, conhecimentos ligados à Cabala, tradição esotérica do povo hebreu, foram grosseiramente popularizados no Brasil nas décadas de 70/80, a tal ponto de tomar-se o termo Cabala como sinônimo de Numerologia. Esta última, no entanto, em sua versão denominada Numerologia Cabalística, é apenas uma pequena parte de toda a enorme gama de conhecimentos da Cabala tradicional, cujos ensinamentos só mantêm seu significado quando divulgados em sua forma original, ou seja, no idioma hebraico antigo.

Ora, não é imprescindível, pois, ser judeu para ter acesso aos conhecimentos da Cabala; no entanto, é fundamental conhecer profundamente o alfabeto, a tradição e o idioma hebraicos para compreender o sentido dos símbolos que expressam esses conhecimentos esotéricos, propositalmente embaralhados numa trama somente capaz de ser decifrada por quem tiver acesso ao seu código básico (o idioma hebraico).

Acredite: somente profundos conhecedores desse idioma podem falar em nome de tal tradição. Não é por acaso que os maiores e melhores mestres da Cabala são de origem judaica.

Por isso me causou espanto a popularização dos tais "anjos" ou "gênios" conhecidos como cabalísticos, pois seus divulgadores pouco ou nada conheciam da língua original. Já pensou se, por ignorância, trocássemos "apenas uma letrinha" do nome dessa poderosa entidade? Ao invés de invocarmos "Buda", poderíamos clamar o tempo todo por "Bunda", anasalando um tantinho a pronúnica... Imaginou a confusão – e quem sabe, os "prejuízos" causados pelas energias invocadas – em razão da "simples" troca de um único símbolo (neste caso, uma letra)?

A pretexto de tornar exotéricos conhecimentos antes esotéricos, alguns iniciados, independentemente do grau de desenvolvimento, vão criando novas vertentes dentro das sociedades ocultas tradicionais. Alguns, em sua inocência, pretendem apenas popularizar tais ensinamentos, tornando-os acessíveis ao público em geral.

Outros, mal-intencionados, auto-intitulam-se mestres disso ou daquilo, e passam a agir como gurus, pretensiosos donos da verdade. No entanto, sabendo da missa apenas a metade, mais confundem do que explicam. Hábeis na utilização de instrumentos de manipulação, colocam-se, não raro, como porta-vozes das divindades e proclamam, ameaçadores, as "coisas terríveis" que acontecerão a todo aquele que ousar desobedecer tais e quais regras, tiradas não se sabe bem de onde.

Após o movimento hippie dos anos 60, que dentre outras mensagens positivas apregoava o retorno à natureza e a não-violência através do slogan "Paz e Amor", várias seitas ditas esotéricas ganharam espaço pelo mundo.

É certo que tal movimento é louvável por sua iniciativa pacifista e nada preconceituosa; no entanto, também é sabido que acarretou um certo nível de alienação inocente, quase infantil, descambando para o uso de drogas na busca da expansão da mente, da "iluminação" e do autoconhecimento. Os jovens hippies dos anos 60 tornaram-se presas fáceis de falsos gurus que manipulavam partes de conhecimentos milenares de acordo com seus próprios e escusos interesses.

Numa palestra, o rabino Nilton Bonder fez um curioso comentário sobre a expressão guru, que tem a mesma grafia e pronúncia tanto em português quanto em língua inglesa. Conforme destacou, é interessante observar a formação obtida quando tal palavra é soletrada (em inglês): G (dji) - U (iou) - R (ar) - U (iou), que poderia ser resumida no trocadilho: *Dji! You are you!!* (*Ih! Você é você!*). Muitas vezes, não damos ouvidos a nosso guru interno e ficamos babando ante figuras bizarras e seu "silêncio revelador".

É claro que existem gurus de verdade e líderes espirituais em quem se pode confiar; no entanto, é preciso observar a coerência entre seu discurso e suas atitudes; convém conhecer a vida pessoal desse ser humano supostamente iluminado, principalmente suas atitudes relacionadas às questões do dia-a-dia.

Eu mesma, que conheci muita gente interessante – e alguns interesseiros – tive a oportunidade de recomendar a um autor consagrado de auto-ajuda que lesse seus próprios livros, em razão de atitudes comerciais pouco éticas. Por essa e por outras, insisto na idéia de que antes de nos colocarmos na posição de adoradores ou seguidores, preservemos nossa dignidade e integridade, usando nossos próprios recursos como a pesquisa e o senso crítico para criar e manter nossas próprias convicções.

Para não cairmos em mãos inescrupulosas, que por vezes visam apenas a autopromoção ou o lucro fácil, devemos resguardar esse sentimento experimentado por todo ser humano concebido como exemplar único da criação divina. Afinal, somos tão dignos de receber as bênçãos do Criador quanto qualquer outra pessoa, desde que sigamos os princípios básicos de respeito a tudo o que é vivo

Uma existência, ainda que dure 80 ou 90 anos, é pouco tempo para desvendar todos os mistérios da vida; então, que tal utilizar sua curiosidade de maneira produtiva, agregando às suas experiências apenas elementos que tornem seu sistema de crenças cada vez mais consistente e confortável, em vez de lhe causar dúvidas e angústias sem fim? Ao escolher um caminho, convém trilhá-lo em linha reta, não se deixando iludir por vantagens ou facilidades que certos "atalhos" parecem oferecer.

É seu direito experimentar e conhecer tudo aquilo que desejar; como costumamos sempre frisar, tudo lhe é permitido, mas nem tudo lhe convém... Quem sabe você queira se aventurar por uma dessas fascinantes trilhas, carregadas de mistérios, com promessas de tesouros ao final de cada jornada. No entanto, há caminhos e "caminhos" e não é preciso muito tempo para perceber quando uma senda não conduz a lugar nenhum.

Muitos se queixam de falta de tempo para dedicar-se à espiritualidade; no entanto perdem minutos preciosos com crendices baseadas em ensinamentos ditos esotéricos, ocupando-se de certos rituais que jamais surtirão efeito simplesmente porque não existe, por parte do praticante, a compreensão dos atributos ali envolvidos. Também não há fórmula mágica que se preste a todos; insistimos: somos seres únicos e particulares; o que funciona para alguns não faz o menor sentido para outros.

É importante frisar que, muitas vezes, a compreensão incorreta de determinados dogmas ou princípios esotéricos pode culminar numa viagem sem volta, como o caso das seitas que estimulam a segregação de seus seguidores, para que não mantenham contato com o "mundo dos impuros"; ou aquelas que incentivam ações terroristas como o rapto de jovens e conseqüente lavagem cerebral; ou o roubo e o desrespeito às coisas públicas; ou a clonagem humana em louvor aos extraterrestres; ou até mesmo os terríveis casos divulgados pela imprensa de suicídio coletivo.

A necessidade criada nas últimas décadas de se "conhecer" o que é esotérico deve ser examinada de maneira cuidadosa e criteriosa, para que você possa concluir a que ponto deseja enveredar por esses caminhos e o que poderá obter de positivo e produtivo para sua vida com tais ensinamentos.

É claro que muitas tradições são respeitáveis e possuem excelente embasamento histórico e filosófico, podendo nos proporcionar experiências altamente enriquecedoras, contribuindo para nossa verdadeira evolução espiritual. Saiba, no entanto, que para usufruir de seus benefícios, você terá de dispor de, no mínimo, muito tempo e dedicação.

Fuja do que é ligeiro e superficial; faça escolhas acertadas, que valorizem sua preciosa existência. Às vezes, um simples Pai-Nosso diário, rezado com fé e amor, proporciona a você e à humanidade os mesmos benefícios, paz interior e satisfação quanto o mais belo rito de uma tradição milenar pouco conhecida.

Curiosidade x Necessidade

Antes de se dedicar ao estudo e/ou prática de uma tradição esotérica, examine alguns pontos fundamentais:

- O que motiva esta minha curiosidade acerca dessa Tradição?

- Há quanto tempo essa Tradição existe?

- As pessoas declaradamente seguidoras que eu conheço têm uma vida saudável, pacífica e equilibrada?

- De que recursos terei de dispor para dedicar-me a estes estudos (Tempo? Dinheiro? Freqüência/obrigatoriedade de seguir cultos/ritos?)

- O que isso acrescenta à minha vida (Profissional/Pessoal-Espiritual)?

- Tenho facilidade de compreender os textos/rituais propostos por essa Tradição? Suas propostas são éticas? Estão em concordância com meu modelo de vida atual?

Objetos de poder

Talismãs, amuletos e outras manias

Certas pessoas cultivam o hábito de realizar rituais para atrair "boa sorte" em ocasiões específicas. Outras se dispõem a praticá-los diariamente, uma vez por semana, ou em datas comemorativas, como no dia do aniversário, em feriados santificados e na virada do ano – data campeã! –, quando buscam canalizar energias positivas para o período vindouro.

Neste país de tantas tradições, a mescla de crenças e crendices oferece uma gama inigualável de atos bizarros, por vezes divertidos e até mesmo lúdicos. À beira mar, por exemplo, coisas estranhas acontecem e gente aparentemente "normal" é capaz de cometer as maiores extravagâncias em nome da religião, dos orixás, do Sol, da Lua, dos anjos ou de extraterrestres.

Círculos de luz são espalhados pela areia, formados por velas de várias cores e tamanhos; dizem os adeptos que é imprescindível que permaneçam acesas de fio a pavio, sob pena de não serem aceitos seus pedidos ou agradecimentos. Barquinhos com oferendas que vão de perfumes a objetos pessoais flutuam aqui e ali; flores avulsas ou buquês lançados ao mar, eis algumas demonstrações de fé das mais populares nessa ocasião.

No réveillon, uma amiga prepara-se para pular as sete ondas, prática adotada no Brasil pela maioria dos mortais que têm a felicidade de esperar pelo Ano Novo em alguma de nossas belíssimas praias. Trajando um elegante vestido amarelo, combinando com a calcinha no mesmo tom – para atrair a prosperidade, segundo seus anseios – ela se arrisca sob forte chuva e mar revolto, calçando um gracioso par de sandálias transparentes.

Minutos depois, está de volta. Os cabelos escorridos não guardam a mínima lembrança do penteado cuidadosamente elaborado com a ajuda de secador e uma escova redonda, mas quem se importa? Vestígios de maquiagem teimam em resistir, emoldurando o rosto com expressão de moleca, absolutamente satisfeita, exibindo o olhar brilhante de quem cumpriu com o seu dever.

Pude notar os pés descalços, pisando marotos a areia molhada, num sapateado feliz, de total liberdade. "Iemanjá levou a sandália esquerda logo na primeira onda. Então pensei: já que carregou a esquerda – e as coisas ruins, portanto –, que leve também a direita... E joguei-a no mar em sinal de agradecimento..." contava ela, divertida.

Sem a menor cerimônia declarei que, se encontrasse o par abandonado na areia na manhã seguinte, não o devolveria. "Aceitarei o presente de Iemanjá, já que calçamos o mesmo número...", concluí. É interessante observar quanta fé e energia positiva encerram um rito, um amuleto ou talismã de qualquer espécie.

A parte bonita da história fica por conta da entrega total, motivada pela crença inabalável em algum procedimento ou objeto que traga proteção, sorte, saúde ou prosperidade. E do alívio e bem-estar que isso proporciona a quem a ela se dedica. O lado obscuro aparece quando levamos essa prática lúdica ou mágica a extremos, chegando ao exagero de acreditar que, sem isso, "coisas terríveis" nos acontecerão.

Vai longe o tempo em que o ser humano adotou algum adorno ou ícone como representante de força, idolatria ou poder. Nossos ancestrais da caverna guardavam dentes e crânios de animais como verdadeiros troféus; mais tarde, peles, ossos e chifres eram usados na indumentária pré-histórica sob o mito de que transfeririam ao seu usuário as características da besta imolada. Enfeitar-se com um chifre de búfalo significava, para certas tribos, adquirir a força e a coragem do próprio búfalo.

Selvagens de várias partes do mundo "aprimoraram" o simbolismo, chegando a exibir, vitoriosos, escalpos, dedos, olhos e vísceras de seus inimigos humanos. Felizmente, com o advento da escultura, da pintura e mais tarde, da fotografia, a arte foi capaz de representar pessoas com maior fidelidade e menor crueldade.

Possuir imagens e medalhas de santos e anjos guardiães tornou-se um hábito cristão; assim também a cruz firmou-se como marca registrada, estampada nos uniformes de batalha, adornando o colo da realeza na forma de jóias cunhadas com as mais belas e preciosas pedrarias; ou carregada nos estandartes da cavalaria, como símbolo de fé, submissão e respeito ao Rei dos Reis.

Cada religião desenvolveu seu código próprio, recheado de ícones. Wicca, a bruxaria moderna, é representada pelo pentáculo, a estrela de cinco pontas. O judaísmo possui também a sua, de Davi, com seis vértices, assim como o candelabro de sete velas e o mezuzá, prece protetora fixada à porta dos lares judeus. O candomblé, de origem africana, é famoso por seus colares de contas conhecidos como guias, onde a combinação de cores simboliza um orixá ou qualidade da natureza.

Até mesmo o discreto budismo foi flagrado recentemente no pulso do galã Richard Gere, seguidor declarado de tal filosofia, numa espécie de pulseira de contas que se presta também às rezas budistas. O mesmo efeito tem o terço bizantino, resgatado pelo padre católico Marcelo Rossi; vendido às pencas em cada uma de suas missas performáticas, serve também como acessório de moda.

Objetos de fé ou poder apenas canalizam atributos humanos, dando-lhes uma forma visível, palpável ou audível. O verdadeiro poder não se encontra no ritual ou amuleto em si, mas na sensação que estes despertam em nosso corpo, reativando estímulos agradáveis – ou desagradáveis – "arquivados" em nossa mente. Em Programação Neurolingüística (PNL), tais ferramentas são chamadas âncoras, sendo capazes de "disparar" certos estados emocionais instantaneamente.

O simbolismo utilizado para atribuir a algo comum um significado especialmente mágico pode conferir a tal atitude/objeto, qualidades boas ou más, de acordo com escolhas programadas consciente ou inconscientemente. E a sensação/reação provocada por determinados estímulos podem ser intensificadas de maneira singular de pessoa a pessoa.

Há quem se satisfaça em olhar para uma bela imagem num altar; a simples "visão" do ícone santificado é capaz de colocá-lo em profundo estado de graça. Outra tem a necessidade de tocar os pés ou as vestes do santo, na intenção de captar dela algum tipo de energia superior purificadora. E há ainda quem somente se eleve ao repetir uma prece enquanto o contempla, mesmo que não compreenda perfeitamente seu conteúdo. A relação de cada indivíduo com a divindade é absolutamente particular, e cada experiência depende de seu estado emocional naquele exato momento.

Âncoras podem ser criadas instantaneamente, devido ao impacto provocado por um dado acontecimento, num registro preciso e marcante – diríamos significativo – daquele estado emocional. Ou por repetição, quando não há envolvimento voluntário por parte da pessoa que necessita "aprender" o significado de um símbolo, no melhor estilo "decoreba".

Exemplificando: se no seu baile de 15 anos você desfilou num lindo modelito azul e arrumou seu primeiro namorado, sua mente pode aprender, entre outras coisas, que a cor azul lhe traz sorte. Assim, toda vez que quiser atrair a sorte, você optará – talvez inconscientemente – por vestir alguma roupa azul.

No entanto, o tempo passou e você ouviu falar que azul é a cor da serenidade e, em excesso, pode causar depressão. Se essa informação for reforçada por três ou quatro vezes (alguém comenta na rua, depois você ouve a informação num telejornal e lê sobre o mesmo assunto numa revista de variedades), a segunda sensação – tranqüilidade com tendência a depressão – começa a vigorar, em substituição à idéia de boa sorte. Esse novo aprendizado, quando reforçado, põe em dúvida sua crença anterior, por mais positiva ou satisfatória que ela seja. .

Pode parecer tolice, mas entender como funciona esse sistema de crenças relacionado aos símbolos que disparam sensações intrinsecamente ligadas a emoções permite-nos enxergar melhor o ponto de vista do outro, facilitando sua compreensão e comunicação.

Tive um namorado que se tornava desagradavelmente crítico quando eu usava a clássica combinação branco e preto, tão básica e elegante, uma de minhas favoritas. Logo ele, nada afeito a moda e de senso estético bem duvidoso, que mal percebia se eu me apresentava em farrapos ou finamente produzida...

Aos poucos, pude perceber que ele – um palmeirense fanático – inconscientemente associava tais cores ao arqui-rival Coríntthians, tendo aprendido desde cedo que eram de mau gosto, coisa de gentinha "pobre, brega e favelada". Sim, pois esses eram os adjetivos a que ele se referia à fervorosa e barulhenta "nação corintiana"...

Por falar em barulho, é oportuno lembrar que existem também as âncoras auditivas, extremamente sutis, portanto mais perigosas. Uma simples palavra, um ruído ou trecho de uma canção são capazes de provocar arrepios da cabeça aos pés, sejam de medo ou de puro prazer.

Quando decidi arrumar meu primeiro emprego, fui à luta munida exclusivamente de um currículo – no qual registrava nenhuma experiência anterior (eu nunca trabalhara e cursava ainda o último ano da faculdade, em greve havia mais de mês) – e de muita audácia. Protegida pelo escudo da ingenuidade, elaborei um roteiro, enumerando algumas editoras selecionadas pelo critério de proximidade em relação à minha casa.

A bordo do meu fusca azul, na flor dos meus 20 anos, eu era toda confiança e otimismo. Liguei o rádio e pude ouvir a voz amiga de Gilberto Gil entoando *Não Chore Mais*, versão bastante fiel à obra de Bob Marley. "Tudo, tudo, tudo vai dar pé..." repetia ele várias vezes, no refrão. Saí cantarolando e acreditando em "tudo o que dava pé".

Na primeira editora em que parei consegui um trabalho free-lance de revisão ortográfica de uma obra de Direito em três volumes. Ao entregá-lo, fui contratada para o cargo de assistente editorial. E lá fiquei por sete anos, saindo para abrir minha própria editora. Pois não é que deu pé? *Não Chore Mais* tornou-se meu hino contra o baixo-astral. "Tudo, tudo, tudo, SEMPRE vai dar pé", repito diante de qualquer dificuldade.

Quem não possui um amuleto musical? Não conheço pessoa a quem uma determinada música não traga à tona uma lembrança, por vezes boa, outras vezes desagradável. Se ao trocar o primeiro beijo com seu amado a música incidental era o "Romance de Duas Caveiras", clássico sertanejo de Tonico e Tinoco, sem dúvida a paródia tornou-se seu tema de amor. Ao ouvir a toada, seu coração pulava de alegria, um calor gostoso envolvia seu corpo e voltava a lembrança daquele beijo à meia-luz...

Mas, quando o safado vagabundo mostrou sua verdadeira inescrupulosa face, a funesta história das "duas caveiras que se amavam / e à meia-noite se encontravam" perdeu toda a graça, tornando-se um verdadeiro tema de horror, digno da trilha sonora do mais ordinário filmeco de Zé do Caixão. E o que antes despertava leveza e bom humor, tempos depois, trazia tristeza e mágoa.

Muitas músicas revelam-se amuletos bastante inadequados. Quem está na fossa não deve se dedicar a ouvir baladas dor-de-cotovelo, pois tais letras e melodias farão emergir, instantaneamente, sentimentos de dor e solidão. Usando o "feitiço" de maneira adequada, é preferível buscar temas alegres ou amenos, que tragam alento ao coração partido e reforcem a crença no amor que pode dar certo. Assim, criam-se trilhas musicais que ancoram estados de ânimo positivos.

A globalização vem revelando ícones surpreendentes. Há pessoas que cultuam o telefone celular como algo venerável, julgando-se superiores ou imunes a quaisquer mazelas com o poderoso instrumento nas mãos. Sua linguagem, entretanto, encerra vários significados. Um simples toque é capaz de fazer alguém tremer, revelando "problemas à frente".

A coisa se agrava quando existe uma expectativa real, como um doente terminal na família ou a espera de um chamado profissional de emergência. Para a adolescente, no entanto, o "celular de estimação" representa, quase sempre, coisas boas: um convite para festa, a fofoca da hora ou o romântico momento de ouvir, do outro lado, o papo sem pé nem cabeça do namorado apaixonado.

Há também as tais "palavras mágicas" pessoais e intransferíveis, nada parecidas com a surrada *abracadabra*. Conheço gente que franze a testa e se arrepia quando ouve falar num "pepino" (aqui significando problema, chatice, aporrinhação); e que se apraz ao escutar expressões que incluam os termos "festa", "compras", "bonita", "alto-astral" ou "competente".

Chato mesmo é quando a gente não percebe ou fala algo sem saber. Como uma vez, em que eu contei uma piada cujo tema era bicicleta e notei a expressão grave de alguém na platéia. Humor não é propriamente o meu forte, mas todo mundo riu. Mais tarde, conversando com o sisudo cidadão, soube que um de seus filhos se envolvera num acidente com um ciclista, causando a morte do mesmo. Realmente, qualquer coisa que lembrasse bicicleta não tinha, para ele, a menor graça.

Arrepios, suspiros, água na boca: sensações também podem ser ancoradas, tornando-se símbolos de emoções, agradáveis ou não. O perfume do namorado. O sabor inigualável do bolo de fubá da vovó. "*Que tal nós dois numa banheira de espuma?*". Sensações inesquecíveis, que podem ser resgatadas dos arquivos da memória sempre que desejarmos, principalmente quando temos consciência de que elas estão bem ali, à nossa inteira disposição.

Uma gota de perfume atrás da orelha dá sorte; uma pausa para o cafezinho traz o ânimo e pique de que necessitamos para seguir em frente; um banho morno ou um escalda-pés com sal grosso descarrega a tensão.

Acender incenso afasta energias negativas, comer lentilha na virada do ano garante prosperidade, andar descalço sobre a areia recicla as energias. São hábitos únicos e significativos para quem os realiza; em geral eficientes, nos fazendo alcançar os objetivos desejados; mesmo que meramente repetitivos, de origem ignorada, jamais pesquisada ou comprovada.

Há ritos tradicionais, que povoam o inconsciente coletivo e são perpetuados pelos povos de geração a geração; como a procissão em louvor à Nossa Senhora dos Navegantes; ou a distribuição de pães bentos no dia de Santo Antonio. Ou os tais pulinhos sobre ondas na virada do ano; ou o tradicional banho de arroz despejado sobre os noivos à porta da igreja.

E há modelos particulares, fantasias de caráter exclusivamente pessoal, que se revestem do mesmo mágico poder. Meu pai sempre acreditou que vestir cueca ou camisa vermelha às sextas-feiras lhe trazia sorte. Pelo sim, pelo não, toda sexta-feira tem sido assim. Ele não se queixa da vida e supera adversidades com bom humor e a sabedoria que os anos lhe conferem. Seria o efeito cueca?

Fatos dessa natureza reforçam em mim a crença de que, para quem confia, *tudo, tudo, tudo sempre dá pé*. Ano após ano, sigo acreditando. E esperando o dia – que seja breve – em que todos os amuletos, ritos e mágicas possam ser apenas virtuais, símbolos difusos guardados num cantinho da memória. Uma vez acionados, instantaneamente despertarão no ser humano a consciência de todo o seu poder e infinita sabedoria.

Enquanto não chega a hora, que sejam bem-vindas todas as práticas bem-intencionadas, éticas e amorosas, capazes de provocar contagiantes e imediatos estados de bem-estar e felicidade.

Crie sua âncora

1) Escolha o estado (sensação) desejado. Por exemplo, se vai prestar um exame e considera que confiança é um atributo útil

para a ocasião, lembre-se de um momento em que se sentiu extremamente confiante Se quiser, utilize uma foto de um momento de sua vida em que você era bastante confiante. (Obs.: o estado de confiança recordado não precisa estar associado, necessariamente, a algum exame em que você obteve sucesso).

2) Feche os olhos, respire profundamente, relaxe. Reveja aquele momento nos mínimos detalhes, deixando que a sensação de confiança se reproduza em seu corpo, até alcançar o estado máximo de bem-estar.

2) Caso aprecie, crie também uma palavra ou frase condizente ao estado (Ex.: "Eu sou demais!!" ou "Confie!!" ou "Vamos lá!!"). Associe a palavra ou expressão à emoção.

3) Também é possível criar uma âncora cinestésica/sensorial (Ex.: Mergulhada na sensação, pressione o polegar esquerdo com a mão direita; quando estiver sentindo a pressão, associe mais esse dado ao estado de confiança anterior).

4) Abra os olhos, tome consciência do ambiente à sua volta (perceba sons, temperatura, a cor das paredes, etc.), quebrando o estado de relaxamento anterior.

5) Teste a âncora. Feche os olhos, pense na palavra, na situação ancorada ou pressione o polegar esquerdo com a mão direita, como em (3) (Qualquer uma das práticas, individualmente, pode disparar a âncora, bem como duas ou mesmo as três associadas).

6) Faça a "ponte para o futuro". Imagine uma situação em que gostaria de sentir-se confiante e dispare sua(s) âncora(s). Perceba se o estado "confiante" aparece de imediato.

Obs.: Não é necessário criar os três tipos de âncoras para um mesmo estado (Ex.: Para sair-se bem num teste, você pode ancorar "confiança" através de uma palavra ou música, "tranqüilidade" através de uma foto ou lembrança, e "lucidez" por meio de uma âncora cinestésica – toque, cheiro ou sabor. No caso de âncoras cinestésicas, cuide para que os pontos "programados" não sejam tocados acidentalmente (se você tem o hábito de coçar o nariz, não faça uma âncora cinestésica dessa forma, pois ela será disparada toda vez que você repetir o gesto inconscientemente). Escolha também atitudes que não causem estranheza (como ter de se abaixar para beliscar o calcanhar no exato momento de disparar sua âncora).

A propósito....

Você sabe qual é a diferença entre um amuleto e um talismã? O amuleto é um objeto tal como encontrado na natureza (Ex.: uma folha, um galho, uma pedra, uma pena). O talismã é um objeto manufaturado (Ex.: jóia feita com a pena ou a pedra; ou uma "caixinha de bruxedos" decorada com a folha ou o galho).

Mulher Bem-Estar

A qualidade dos seus pensamentos

Inteligência emocional e saúde

Todos admiravam dona Albertina, a simpática e discreta gerente daquele banco instalado na elegante avenida Paulista, coração financeiro de São Paulo.

Com cerca de quarenta anos – quem saberia, ao certo, sua idade? –, uns dez quilinhos acima do peso, ajustada em finos costumes, fumava esbanjando charme, jamais na presença de um cliente. O sorriso era bem colocado, preciso; os gestos estudados e as palavras selecionadas permitiam que Albertina mantivesse tudo sob controle. Até o dia em que, vitimada por um enfarte, foi levada às pressas ao hospital vizinho, sem que nenhum sintoma anterior desse pistas do desastre.

Educada para controlar-se a qualquer custo, ela não se deu conta de que a raiva engolida poderia tentar extravasar através das artérias enrijecidas pela ira "controlada"; quando a descarga sangüínea força a passagem, o resultado é o enfarte, que, na verdade, não acontece "de repente", mas vai sendo fabricado ao longo do tempo.

Muitas de nós não nos damos conta de que controle não é a melhor estratégia a ser empregada no trato com as emoções. Equilíbrio, sim, é a meta desejada. A maturidade emocional requer íntimo contato com nossos sentimentos, para que estes sejam intensamente experimentados e catalogados em nossa mente sem comprometer nossas funções vitais; só assim podemos conviver com eles de maneira amigável.

Os kaúnas, povo havaiano, costumam comparar nossa mente inconsciente a uma sacola preta onde, volta e meia, guardamos as emoções com as quais achamos difícil lidar. E não apenas as depositamos lá dentro, como costumamos empurrá-las bem para o fundo, na esperança de que não mais nos perturbem. Mas, como não aprendemos o suficiente, eis que elas ressurgem, quando menos se espera, em lapsos de consciência. Isso para nos lembrar que, mais cedo ou mais tarde, teremos de nos confrontar com os "monstros" ali aprisionados até nos tornarmos capazes de extrair deles todo o aprendizado útil para esta rica experiência individual – nossas próprias vidas.

As mais modernas teorias acerca das doenças valorizam o aspecto psicológico como causador dos processos de desequilíbrio presentes em nosso corpo. Sob esse ponto de vista, o trato adequado com as emoções assume papel da maior importância. Em resumo: cada um é responsável pelos sintomas – e conseqüentes doenças – manifestados no corpo físico. Quando a ordem desse micro-universo é abalada, a desarmonia se apresenta através de disfunções de nossos órgãos vitais; por menores que sejam esses distúrbios, são capazes de nos levar a nocaute sem aviso prévio.

A doença se manifesta na consciência, enquanto o sintoma se expressa no corpo, como um sinal a ser interpretado. Quem ignora um sintoma tratando, literalmente, de "remediá-lo", comporta-se como um mecânico incompetente: em vez de verificar o nível do óleo e corrigir o defeito para que o motor funcione com precisão, apenas desliga a luz correspondente no painel do carro, evitando, assim, aborrecimentos imediatos.

E você, está "no controle" de sua vida? Como vem lidando com suas raivas, seus medos, culpas, tristezas, ansiedades e intolerâncias? Em tempos de valorização da inteligência emocional, é preciso observar que proveito podemos tirar de cada uma de nossas emoções negativas. Fingir que elas não fazem parte de nossa vida diária ou tentar suprimi-las não resolve nada.

Uma vez "instalado" em nós um "circuito" de natureza emocional, não é possível bloqueá-lo ao nosso bel prazer. Quando acionado – e identificado –, temos a oportunidade de escolher a atitude que nos pareça mais adequada para o momento, desenvolvendo, assim, estratégias úteis para o nosso dia-a-dia.

Guardamos na memória várias lembranças de raiva; quando recordamos algumas delas, chegamos a rir da ignorância de quem as provocou ou de nós mesmas; revemos a situação, balançamos a cabeça e dizemos: "Puxa, como eu fui tola!" ou "Fulano agiu de maneira tão estúpida que nem devo levar em conta..." A sensação que temos diante de tais recordações é bem diferente daquela experimentada no exato momento da raiva.

Outras vezes, porém, a simples menção de uma palavra ou fato que nos traga à lembrança a cena desagradável faz disparar nosso coração, ruboriza nossas faces e provoca um familiar e desconfortável friozinho na espinha. "Aquele cretino! Ele vai ver só...". E passamos a elaborar planos maquiavélicos, desperdiçando nossa energia na criação das mais terríveis vinganças.

Mais útil seria perguntar a si mesmo: "O que eu posso aprender com isso?". Talvez seja sua oportunidade de exercitar o perdão; ou de rever seus pontos de vista, tornando-se mais flexível; ou de encarar um erro cometido no passado, desculpar-se e aprender a agir de maneira diferente em outra ocasião.

A raiva não afeta apenas nossas coronárias; outro órgão vital importantíssimo, o fígado, é extremamente afetado por estados de irritação contidos, turvando a visão ou provocando aquele olhar injetado de sangue que denuncia toda a tensão. Já examinou seus olhos hoje?

Quando aprendemos a identificar nossas emoções, quando sabemos dar a elas o nome correto, não estamos "no controle", mas em equilíbrio, de bem com a vida. Estudos nas mais variadas áreas da medicina comprovam que o estado emocional altera nosso sistema imunológico, tornando-nos vulneráveis ou resistentes às doenças.

É claro que estamos sujeitos a vivenciar em nosso dia-a-dia uma série de emoções primárias; em vez de tentar camuflá-las, podemos dar vazão a elas, colocando-as em seus devidos lugares.

Distúrbios também são provocados pelo medo. Amigdalite, amnésia, asfixia, azia, cãimbras, diarréia, enfisema, enjôo, esterilidade, fraqueza, frigidez, inflamações, labirintite, náuseas, paralisia, prisão de ventre, úlceras. Se o medo provoca em nós tudo isso, convém confrontá-lo, buscando uma conscientização da verdadeira porcentagem dos perigos reais e imaginários que encaramos diariamente.

A maioria dos fantasmas que nos apavoram são criados por nossa imaginação e se escondem nos porões da nossa mente inconsciente, tais como as lembranças que insistimos em socar para o fundo da sacola preta. A mãe autoritária, o chefe malvado, o marido controlador – quantas dessas figuras fazem parte da realidade e quantas são apenas um exagero criado a partir da nossa própria fraqueza e da decisão/desejo limitante de nos deixarmos conduzir por outras pessoas?

Existe também a culpa; quando não trabalhada, é outra emoção arrasadora. Dissimulada através de complexos de inferioridade ou de atos repentinos de caridade não torna seu calvário mais suave, apenas mais distante.

No entanto, como seria se a culpa pudesse ser revista, extraindo-se dela apenas sua parcela de real responsabilidade, a avaliação lúcida dos fatores envolvidos nesse processo, muitos deles externos e absolutamente além do seu controle? Sem dúvida você jogaria fora um bocado de lixo acumulado, limparia os arquivos do passado e esvaziaria a gavetinha do remorso. Com isso, evitaria as dores agudas que vez por outra a assolam, as coceiras irritantes, as doenças venéreas, tudo isso que ela é capaz de provocar. Da culpa para a depressão, é um pulinho de nada.

Sentir-se deprimido, encolhido, fragilizado, exposto a todos os males do mundo, com o sistema imunológico enfraquecido, esse é o primeiro passo em direção às doenças. Os sintomas são os mais desagradáveis: um cansaço prolongado, preguiça, palpitações, tonturas, dificuldades respiratórias, resfriados constantes, acidez estomacal acompanhada de perda de apetite – inclusive sexual.

A depressão sugere que você não está no comando de sua vida: nada dá certo, algo ou alguém precisam ser modificados para desencadear sua plena felicidade. O tempo vai passando impiedoso, mas as mudanças só acontecerão mediante seu desejo e o estabelecimento de metas. Através da atitude equilibrada, é possível decidir sair dessa para melhor.

Tristezas e mágoas acumuladas vão depositando no corpo seus resíduos e se manifestam na forma de câncer. Hemorragias e sangramentos representam a alegria escorrendo para fora de você. Observe, reflita. E decida-se por uma vida mais aberta, mais alegre e descontraída. São as emoções oferecendo a você pistas sobre qual o melhor caminho a seguir.

A ansiedade, essa mania terrível de projetar um negro futuro à sua frente, faz você roer as unhas, ter cólicas, espasmos, comer e fumar além da conta, dormir menos, e principalmente, deixar de aproveitar o sol que brilha hoje lá fora porque vai chover no final de semana...

A ansiosa é uma péssima controladora em potencial, bastante inflexível ("Tudo deve sair como o planejado, senão como vou me arranjar?") e bem desastrada no trato com imprevistos. Se empregasse metade da poderosa energia gasta com o que não vai dar certo, planejando resultados positivos, provavelmente sua satisfação em relação à sua vida aumentaria100%. Que tal experimentar?

Sempre há mais de um caminho a ser seguido. Para trilhá-los, no entanto, será necessário fazer escolhas. Flexibilidade e criatividade são indispensáveis no exercício de seu livre-arbítrio. Elas permitem que você enxergue em reais dimensões seus erros e limitações, bem como os das outras pessoas.

E lhe concedem a oportunidade de pôr em prática o perdão e a humildade. Assim você não acumula rancores que se transformam em raiva; ou arrependimentos que recaem na culpa. Fica fácil quando você sabe exatamente com o que está lidando; e para tornar-se uma expert nas suas próprias emoções, basta vontade e treino.

O que aqui apresentamos visa alertá-la, não alarmá-la. Não desejamos que você venha a temer a doença, principalmente se seu momento atual é de evidente desequilíbrio. Queremos apenas que se disponha a fazer a sua parte, comprometendo-se a rever sua saúde, abrindo-se para novas e libertadoras atitudes, sempre que necessárias. Para que a vida possa surpreendê-la a cada dia com situações agradáveis, facilitando e estimulando sua jornada rumo à sua realização pessoal.

Identificando emoções negativas através de sintomas

1) Ignore, por um momento, as causas aparentes do sintoma (fisiológicas, químicas, neurais, virais, etc.). Procure analisá-lo sob o ponto de vista emocional e subjetivo.

2) Avalie o momento em que o sintoma se manifestou: quais os pensamentos, sentimentos, acontecimentos presentes em sua vida na ocasião?

3) Procure "ouvir" o que você se diz sobre o sintoma. Por exemplo, "Ele me dá coceira" ou "Sou alérgica a Fulano" em se tratando de alguém; que tipo de emoção – e sintoma – essa pessoa provoca em você? Ou quando diz: "Estou por aqui com tudo isso!", apontando com o dedo ao nível do nariz, ou para o topo

da cabeça (está chegando ao limite da tolerância ou já está prestes a extravasá-lo?). Verbalizar e/ou representar fisicamente o sintoma ajuda a torná-lo racionalmente compreensível.

4) Habitue-se a se perguntar: "O que este sintoma me impede – ou me obriga - a fazer?". Em geral essas perguntas revelam rapidamente a atitude ou comportamento causadores de sintomas e, conseqüentemente, de doenças.

5) Lembre-se: quando um médico anuncia que "sua doença não tem cura", isso pode significar que, no momento, ele não tem conhecimento de algum tratamento eficaz para combater esse mal. No entanto, a ciência evolui rapidamente; a cura pode surgir em questão de dias, de meses. Mantenha acesa a esperança e o entusiasmo de viver.

Cuide-se bem

Você mais bonita e mais feliz

Quando você olha no espelho, o que vê? Será que reconhece na imagem projetada traços da adolescente alegre, cheia de energia, com o olhar brilhante voltado para um futuro promissor? Ou quem sabe o cansaço, o desencanto, as desilusões deixaram apenas manchas e cicatrizes em vez de dividir o espaço do seu rosto com as saudáveis marcas de expressão que guardam o registro do riso, das boas lembranças e das experiências positivas?

Trago uma boa (ou má?) notícia: o futuro chegou. É destino de toda menina e de toda adolescente tornar-se mulher. E o destino se cumpriu. Não importa se você tem vinte, trinta, quarenta anos ou mais. Chegou a hora de assumir sua maioridade, sua sagrada identidade feminina.

Boas novas para quem desfruta do prazer dessa condição de mulher e sabe que ela durará para sempre, eternamente. Para quem nunca soube aproveitar dessas delícias, o espelho algoz, via de regra, é mensageiro de más notícias. O que está por vir? Amargura, abandono, velhice, doença? Se estas são suas aflições, não se preocupe com o futuro, pois o desencanto já aconteceu em algum lugar do passado e permanece conduzindo sua vida do nada para lugar nenhum.

Desistir parece uma boa opção: "que se dane, vou viver cada momento de minha vidinha miserável cobrando e punindo a todos pelos flagelos a que fui submetida" – a infância sem amor, o casamento sem paixão, os filhos sem planejamento. A carreira sacrificada, a sobrecarga da jornada dupla, tantos papéis nem sempre escolhidos – esposa, mãe, profissional medíocre, sem qualquer brilho de realização. Não há o que melhorar; não importa um quilo a mais ou a menos, a aparência descuidada, a detestável rotina. Tudo isso advem, como diria Vinícius de Moraes, da tristeza de se saber mulher.

Mas foi também o poetinha, que tão bem capturou a alma feminina, quem eternizou os versos "*as muito feias que me desculpem, mas beleza é fundamental*". Aprecio mais esta lição, pois aprendi com meu companheiro – assim como Vinícius, grande admirador das mulheres –, que cada uma possui um ponto forte, um trunfo exclusivo que a torna bela e única no mundo.

Não foi fácil, no início, encarar o fenômeno feminino "em partes", de acordo com a ótica masculina. Mas aprendi que todo homem se fixa em uma ou outra característica: há quem admire a coragem, a inteligência (são raros!), a doçura, a obediência/subserviência, a capacidade de administrar lar e filhos. Ou características mais visíveis como os olhos, o andar, o jeito de cruzar as pernas e de se enfeitar; ou ainda mais palpáveis como os cabelos, os seios, a cintura, os quadris (estes abundam...).

Assim, mulheres, mãos à obra, a esta obra única e exclusiva que é você! Está na hora de deixar de ser rascunho para tornar-se arte-final (como diria Kid Abelha).

Na adolescência, você é apenas um esboço de mulher, então tudo lhe é permitido: usar o que está na moda, mesmo que não lhe caia bem; tingir o cabelo de todas as cores, alisar, encrespar (e até mesmo raspar!); deixar as pernas e o sovaco cabeludos, roer unhas, usar tênis sujo (e até ter chulé...). Após esse "laboratório", tendo experimentado as mais variadas possibilidades, você está apta a fazer as melhores escolhas. Aceita o desafio? Então, vamos lá.

De volta ao espelho. Faça dele seu melhor conselheiro, não um inimigo. Converse com a imagem à sua frente, de preferência nua, de corpo inteiro. Disponha-se a analisar-se sem criticar-se: quais são seus pontos fortes, como evidenciá-los, tornando-se melhor? Quais são seus pontos fracos, como disfarçá-los, combatê-los, valorizá-los ou revertê-los a seu favor ?

Sim, porque até mesmo estes "descuidos da natureza" podem trabalhar a seu favor; lembre-se da maravilhosa Barbra Streisand – você já soube de alguém tenha ido a um cirurgião plástico pedindo que lhe fizesse um nariz "igualzinho" ao dela? No entanto, a talentosa cantora e atriz soube tornar sexy o "narizinho" desproporcional, sua marca registrada; bem como as rugas incorporadas pela primeira dama do teatro nacional, Fernanda Montenegro, ou pela belíssima Lígia Fagundes Telles, que resistiram bravamente à idéia da cirurgia "corretiva".

Ou as condições sociais herdadas por Benedita da Silva, a ministra, ou Glória Maria, a jornalista, ambas nascidas negras e pobres. Características que, para muitas, representariam entraves insuperáveis, para essas mulheres talentosas foram motivos de fortalecimento. É preciso, a exemplo de um antigo jargão, mudar o que precisa ser mudado, aceitar o que não pode ser mudado e ter sabedoria para distinguir entre ambos.

Após a análise cuidadosa, talvez seja útil *eleger um modelo*, de preferência alguém com características semelhantes e idade próxima à sua. Nada pior do que todo mundo querendo transformar-se em Gisele Bündchen ou Xuxa, independentemente do biótipo e das primaveras que coleciona. Dê uma mãozinha à (sua) natureza... Já dizia Chacrinha: "nada se cria, tudo se copia". Sempre é mais fácil copiar – melhor ainda, adaptar – um modelo que deu certo do que ficar reinventando a roda.

Segundo passo: *informação*. É preciso adquirir *know-how* – saber como se faz. Exemplos: como Elba Ramalho conquistou uma pele razoável e cabelo invejável? Como Silvia Pfeifer mantém o corpo de eterna manequim? Como Catherine Deneuve e Suzana Vieira permanecem lindas? A todo momento, as musas da mídia tornam acessíveis seus segredos de beleza, seja através de entrevistas a jornais, rádio, televisão ou matérias publicadas em revistas femininas ou de fofocas.

Aproveite a parte que lhe cabe. Se possível, anote tudo num caderninho e crie seu banco de dados pessoal, para combinar depois com outras informações e desenvolver um modelo/método exclusivo, de acordo com suas possibilidades de realização.

Exemplo: se a celebridade perdeu peso passando uma semana num spa, submetendo-se diariamente a uma dieta de 600 calorias e cinco horas de caminhada na esteira, talvez você não disponha de tempo ou dinheiro para freqüentar esse lugar de ricos e famosos; no entanto, pode elaborar sua própria dieta baseando-se nas tabelas disponíveis em livros e revistas de preços acessíveis ou na internet; e caminhar pelas ruas – isso é de graça! Agora, se o tempo lhe parecer um impedimento intransponível, só há uma arma capaz de vencer essa barreira: sua vontade. Sem ela, nenhum progresso será possível, mesmo que você ganhe sozinha na loteria e possa freqüentar a academia das *top models* mais famosas do planeta.

Ingrediente importantíssimo: *criatividade*. Para alcançar os resultados desejados sendo você mesma, é preciso criar suas próprias combinações e adaptá-las segundo suas reais condições (conforme sugerimos no exemplo acima). Deixe de lado a desculpa de que você não é criativa, não desista antes de tentar; talvez você tenha pulado a etapa da informação e, sem ela, o planejamento não dá certo mesmo. Insista na idéia, *persistência* é a alma do negócio. Encare novamente o espelho e tenha claro em mente o quanto vale a pena investir em você.

Prepare-se para mudar. "*Que venha essa nova mulher de dentro de mim*", proclamam os versos na voz firme e afinada da cantora Simone; seja este o seu hino. E não se engane: nada é de graça, há que se pagar um preço pela transformação, ainda que seja para melhor.

Talvez isso lhe custe algumas horas a menos de sono, uma dose extra de cansaço inicial. Ou o comentário maldoso e invejoso de alguma "comadre" frustrada em suas próprias realizações, no melhor estilo "isso não vai dar certo". Ou o ciúme excessivo de pais, irmãos, filhos, maridos, namorados.

Tire de letra: nada mais justo que eles admirem em sua própria parceira os atributos que tanto elogiam em outras mulheres. As pernas de fora, os decotes, a maquiagem, o cabelo tratado, a pele macia, o bronzeado, o olhar fatal. E que aprendam, democraticamente, a compartilhar com o mundo um pouco dessa beleza e gostosura de que têm o prazer de desfrutar com (quase) exclusividade. *Yes! Baba, baby, baba!*

Não crie empecilhos imaginários. Não fique infeliz nem se desmereça por não poder comprar os cremes mais caros, perfumes exclusivos, as melhores tinturas e linhas de maquiagem. Melhor para quem, cara pálida? Preço já não é referência, existem produtos nacionais climatizados mais eficazes que os similares importados. Há itens para todos os gostos e todos os bolsos.

Lembre-se: o hidratante mais baratinho é sempre melhor que nenhum. Não há desculpa para o desleixo. Além disso, algumas mulheres sabem ser encantadoras usando apenas um lápis de sobrancelha e o indispensável batom. Aprenda com elas!

Cuide bem do corpo que você tem. Correntes espiritualistas afirmam ser este um empréstimo de Deus; cuidar-se seria, pois, uma forma de agradecimento, de oração. Nada mais desagradável que a aparência desleixada, sem graça, como a de alguém que tivesse se vestido no escuro...

Recomendação de Danusa Leão, uma das mulheres mais elegantes do país: esteja sempre alerta, você pode cruzar com um ex-namorado a qualquer instante, talvez na próxima esquina... Ante a surpresa, o que você gostaria que ele pensasse: "Puxa! O que foi que eu perdi!"; ou "Ufa! Do que me livrei..."?

Dizem as más línguas que a mulher tem três chances de se tornar milionária: casando com homem rico, ganhando na loteria ou nascendo em berço de ouro. Quem fez a profecia não supôs que pudéssemos enriquecer por nossa conta e risco... De qualquer forma, se você não figura na lista das colunáveis ricas e/ou bem nascidas, tire delas, democraticamente, a parte que lhe cabe.

Você pode aprender a ser chique com Danusa, com Glorinha Kalil ou com a elegantérrima Constanza Pascolato, que disponibilizaram dicas quentíssimas em forma de livros. Vale a pena investir neles, pois servem para as mais variadas ocasiões e constituem uma pequena enciclopédia de cuidados pessoais e das deliciosas futilidades femininas, aquelas que todas adoramos e que, infelizmente, não nos ensinam na escola.

É moda, até mesmo na classe média, adotar consultores pessoais: nutricionistas, cabeleireiros, maquiadores, treinadores físicos, estilistas que vasculham armários, tentando combinar alhos com bugalhos... Todo este *staff* pode dar palpite à vontade e também causar a falsa impressão de que as mudanças, embora fáceis, dependem da orientação deles.

Por isso, quem não tem um *personal* isto ou aquilo corre o risco de sentir-se insegura ou menosprezada por não dispor desses paparicos. Quer saber? A maioria de nós não precisa de nada disso; precisamos apenas de megadoses de informação, bom senso e muita ação.

Olho nos noticiários a cada mudança de estação; e uma revista feminina, de vez em quando, para saborear as dicas sobre cores, tendências, lançamentos, novos criadores de moda. Custa pouco e lhe permite juntar uns trocados para gastar com aqueles extras adoráveis, como uma limpeza de pele ou a sandália transadíssima que, você sabe, vai durar apenas um verão.

Ponha na cabeça, criatura, que apesar dos palpites alheios, quem vai ter de malhar, experimentar, se expor, se esfalfar é você; nenhum especialista, por melhor que seja, ocupará o seu lugar para lhe trazer resultados. Recorra a eles apenas como referência, quando todos os seus recursos se esgotarem. Senão, é dinheiro jogado fora.

"Quanto mais você se cuida, mais você se gosta"; "Bem estar bem"; quando o assunto é cuidar-se, estes são meus slogans favoritos, recortados de campanhas publicitárias de produtos de beleza. Quero compartilhá-los com você: perceba que a sabedoria também reside nas coisas simples, a seu alcance, por vezes fugazes, nos passando despercebidas. Por isso, atenção à vida, atenção redobrada a você. Desfrute e seja feliz!

É sempre bom lembrar...

- Que toda mulher tem um (ou mais) ponto(s) forte(s), basta descobri-lo(s). E evidenciá-lo(s), é claro!

- Que você é única no mundo (mesmo que tenha uma irmã gêmea!), guardando, portanto, sua perfeição exclusiva, particular.

- Que você tem direito à feminilidade e a ser sexy sempre que quiser, mesmo que não sejam estes seus atributos mais importantes.

- Que toda mulher deve ter um(a) clínico(a) geral, um(a) dentista, um(a) cabeleireiro(a), uma dermatologista e uma ginecologista em que possa confiar de olhos fechados (os doutores de plantão que me desculpem, mas a prática me ensinou que convém dividir certos problemas femininos com alguém da mesma espécie, principalmente se a especialista já sentiu "na pele" e "nas entranhas" os problemas de que nos queixamos).

- Que a saúde vem em primeiro lugar; é o alicerce, sem ela não existe beleza.

- Que você, melhor do que ninguém, sabe o que lhe cai bem e de que recursos dispõe para ficar bonita e sentir-se à vontade. Permita-se e desfrute.

Economize-se

Cuide bem dos recursos que você tem

Há coisas que aprendemos bem cedo e guardamos para o resto de nossas vidas. Como o sábio ensinamento de meu pai quando afirmava que, em questões materiais, há duas maneiras de alguém se dar bem: sabendo ganhar e/ou sabendo gastar.

Como e quanto dinheiro você ganha, amiga, é problema seu. Talvez você viva de mesada; ou valha bem mais por aquilo que produz, mas seja tímida, não saiba exigir.

Quem sabe aceite estar "na média do mercado" para garantir seu emprego, que, aliás, não está fácil. Ou esteja num momento zen, privilegiando o espírito em relação à matéria. As variáveis são muitas, portanto deixemos de lado a primeira questão – sobre saber ganhar – e vamos direto ao que interessa: saber gastar.

Dizem as más línguas – principalmente as masculinas, de certos pais e maridos – que comprar é nossa mais eficiente forma de terapia.

Muitos deles ainda acreditam que nossos ícones de idolatria são o dinheiro em espécie, o talão de cheques e o cartão de crédito – principalmente quando não temos de nos preocupar com seu limite, caso este nos tenha sido "liberado" pelo titular da conta, do qual somos meras dependentes. Ledo engano, rapazes; para nós existem também as jóias, os perfumes e cosméticos importados, os carrões e todo tipo de roupa e acessório caro ou de grife...

Em tempos remotos, os homens atuavam como provedores exclusivos e as mulheres, como consumidoras das mais variadas traquitanas. Descendentes da deusa Vesta – responsável por manter aceso o fogo sagrado do lar, tornando-o acolhedor –, desde sempre nos vimos às voltas com questões relativas ao orçamento doméstico.

Era preciso suprir o ninho sagrado com todo tipo de "utilidade doméstica", visando seu bom e eficiente andamento. Talvez venham dessa época tão distante os mitos de que "não damos valor ao dinheiro", "não sabemos quanto custa ganhá-lo", "não atribuímos o devido valor às coisas", enfim, gastamos impensada e impulsivamente.

Cabe registrar que nem sempre o sexo oposto se comporta dessa maneira a um tempo crítica e agressiva por pura mesquinhez; pode acontecer de faltar aos queridos companheiros informações sobre nossas reais necessidades, consideradas sempre como instintivos desejos.

É certo que a publicidade cria em nós *desejos* tão bem construídos que se parecem mesmo com *necessidades*. Quando você tem sede, é *necessário* beber algo; não exatamente aquele refrigerante de gosto acre, fórmula misteriosa e coloração duvidosa, que se presta também para desentupir encanamentos. Talvez *desejássemos* um delicioso e azedinho suco de pitanga, mas, onde encontrar a fruta *in natura* para realizar nosso sigelo desejo?

Não é preciso experimentar *agora* aquele novo tipo de xampu que a propaganda lhe oferece: você pode fazer isso somente quando o seu acabar. No entanto, ante tão sedutores apelos, vamos abandonando uma série de restinhos vida a fora, que quando contabilizados, bem poderiam financiar aquele novo par de sapatos de que estamos realmente "necessitando" para compor o traje para a cerimônia de casamento da melhor amiga.

Não há nada errado em nos presentearmos, de vez em quando, com um autêntico objeto do desejo, seja ele uma roupa cara, um novo modelo de multiprocessador ou um simples, às vezes caro, batom. Afinal, atualmente, desempenhamos também o papel de provedoras de nossos lares, dispondo de recursos próprios.

Nada mais justo, pois, que possamos nos lançar ao consumo de bens sem dar a menor satisfação a ninguém. No entanto, o consumismo desmedido está cada vez mais fora de moda, dando lugar ao conceito de simplicidade voluntária, como veremos adiante.

Cada uma de nós tem sua própria receita quando o assunto é economizar; precisamos, no entanto, nos precaver contra a mesquinharia, pois os limites entre economia e pão-durismo são tênues. Isso inclui repensar as pequenas atitudes do cotidiano conscientemente.

Um exemplo: há alguns anos, numa espécie de desafio autoproposto em tom de brincadeira, adotei um padrão em relação à maneira de me vestir. Procuro, da cabeça aos pés, produzir-me com peças que totalizem, no máximo, o valor de um salário mínimo.

Mais tarde, tomei gosto pela idéia e passei a levá-la a sério – até mesmo em respeito aos que dão duro um mês inteiro para ganhar tal importância. Pensando bem, por que pagar R$ 500,00 ou R$ 1.000,00 por um vestido ou uma calça de marca, se há tantos "genéricos" ou "similares" de boa qualidade a preços bem mais acessíveis? A história do "eu mereço" e da tal "exclusividade em série", imposta por certas marcas de jeans, bolsas, cosméticos, perfumes, se alimenta da indústria do desejo.

A necessidade criada de "fazer parte" de um clube "exclusivo" não torna quem quer que seja especial por ostentar etiquetas de itens fabricados em escala industrial. Você merece o que há de melhor, mas o melhor para você nem sempre é o que custa mais caro.

É claro que, vez por outra, vale a pena investir em alguma peça de valor um tantinho superior. Acessórios como um par de tênis ou de botas, uma mala, um casaco – quem sabe até uma jóia – podem custar mais do que o salário mínimo padrão, mas valem o investimento.

Nesses casos, a durabilidade e tempo de uso justificam tais "extravagâncias", valorizando cada centavo da relação custo/benefício e as práticas relativas ao "saber gastar" que deram início a toda esta história.

O barato sai caro? Seguindo as regras do bom senso, você vai descobrindo que certas economias revertem em prejuízo certo. Como, por exemplo, aquela calça jeans baratíssima da liquidação: o corte juvenil, no entanto, desfavorece totalmente suas formas. Nesses casos, mesmo que você tenha pago econômicos R$ 40,00 pela peça, o valor desperdiçado representaria um "desconto de 50%" em relação ao outro jeans – perfeito para o seu corpo –, à venda pelo dobro do preço.

Em geral, prevalece na mente feminina a crença de que toda economia é bem-vinda. Mulheres sempre foram especialistas na arte de pechinchar. Para obter desconto, vale barganhar, choramingar (*"Que pena, só disponho de R$X, no momento"*), mentir (*"Não trabalho com cheque nem cartão"*) e até blefar (*"Na loja ao lado, o preço é bem menor"*). Não se avexe, pois como diziam os antigos, vergonha é roubar e não poder carregar.

Estamos hoje muito além da economia doméstica. Entendemos de poupança, de taxas e de parcelamentos. Sempre alertas. Calculamos juros, esticamos prazos no cartão de crédito, negociamos a anuidade – valores por vezes absurdos, abusivos! Experimente o velho truque de pedir seu eventual cancelamento e descubra como reduzir a manutenção pela metade!

Por vezes, somos aconselhadas por especialistas a aposentá-lo. Não aprecio tais conselhos: sair de casa sem ele ou esquecer o coitadinho no fundo de uma gaveta dá a impressão que somos um perigo público, consumidoras vorazes, compulsivas e desequilibradas.

Além disso, ele é passaporte para crédito fácil em qualquer lugar do mundo. Aprenda, pois, a lidar com este recurso; reeduque-se, supere as tentações e aceite o desafio. Use seu cartão com parcimônia e bom senso, desfrutando de todos os seus benefícios.

Estamos sempre de olho numa promoção. Afinal, por que pagar R$ 30,00 por um protetor solar na farmácia da esquina se o mesmo produto custa R$ 25,00 naquela grande rede de lojas de departamentos que você *a-do-ra* visitar quinzenalmente? "São *apenas R$ 5,00* de diferença!", protesta meu marido, ao me ver adentrar decidida no magazine – para ele, um verdadeiro antro da perdição feminina. "Mas representam *significativos 20%*", retruco, com ares de economista. "Afinal, meu bem, como você mesmo me ensinou, nenhuma aplicação financeira, na atual conjuntura econômica, remunera meu rico dinheirinho em 20%", provoco. Ele resmunga algo, engole em seco, depois fica mudo. Ponto para mim.

Apoiadas pelo Código do Consumidor, então, tornamo-nos insuperáveis. Sabemos fazer valer nosso dinheiro, vamos em busca dos nossos direitos quando a questão é ressarcimento. Informação é cultura, cultura é economia!

Moda vai, moda vem. Que bom seria (delírios de uma virginiana) se dispuséssemos de um baú infinito, como aqueles de nossas avós, onde pudéssemos arquivar calças boca de sino, batas de algodão, vestidos de baile, botas de cano alto, bolsas mil, sandálias douradas, escarpins de salto altíssimo, colares e brincos de época, vestidos de noiva, véus e grinaldas. O pequeno tesouro talvez representasse economia para muitas gerações.

Mas, sabemos, por melhor que seja a roupa, ela está sujeita a um prazo de validade estabelecido por elásticos que lasseiam, fibras que são verdadeiras iguarias para as traças, desbotamento, encolhimento e coisa e tal. Isso sem contar com nosso eventual "efeito sanfona": engorda, emagrece, engorda, emagrece. E a monotonia daquelas peças previsíveis penduradas no armário, um suplício para quem adora se produzir e inventar moda.

Então, antes que tudo se perca, que tudo se transforme: o que não for passível de reforma ou reaproveitamento para o período imediatamente seguinte, que seja doado "no estado" a instituições onde possam ser úteis . Mesmo assim, você sai lucrando: abre espaço para encher seu guarda-roupa com as novidades da próxima estação...

Valorize cada centavo, diga não a desperdício. Lidar cuidadosamente com o dinheiro é um bom exercício de controle e responsabilidade. Economia não é a base da porcaria, como diziam nossas avós, que viviam jogando arroz e feijão fora só para se ocuparem cozinhando outra porção, igualzinha, no dia seguinte. Economia, amiga, é sinal de inteligência, habilidade, maturidade e de respeito aos recursos finitos da natureza.

Pequenos truques que funcionam

Todo mundo tem uma receita pessoal para economizar. Aqui vão as minhas, testadas e aprovadas:

-Nós, mulheres, adoramos gastar com "extras desnecessários". É fácil sacar o talão de cheques ou o cartão de crédito e consumar uma comprinha compulsivamente, ainda mais quando não podemos realizar nossos sonhos de consumo maiores. Agindo assim, você acaba adquirindo mais uma tranqueira sem utilidade prática; adiando o grande sonho para bem mais tarde..

- Para refrear este impulso, estabeleça uma "mesada" para si mesma. Separe a quantia em dinheiro e coloque numa carteira especial, em separado da outra, onde você carrega talão de cheques, cartão de crédito e o dinheiro para as despesas normais.

- Quando for às compras, leve sua "mesada" e compre somente aquilo que puder consumir com ela; se o dinheiro não for suficiente, adie a compra para o mês seguinte (ou o outro, até completar a importância necessária).Acredite, você vai perceber que é capaz de sobreviver sem aquele item que considerava indispensável ao seu prazer e sua felicidade.

- Tenha sempre à mão várias listas de compras das coisas de que realmente necessita (produtos de limpeza, gêneros alimentícios, cosméticos, papelaria). Quando o impulso consumista vier, vá às compras objetivamente, "liqüidando" uma das listas (aquela cuja verba se encaixa na quantia disponível no momento). Você alivia o impulso consumista, realizando seu "desejo de comprar"; e não terá desperdiçado seu dinheiro com futilidades.

Espelho meu

Seu corpo, morada sagrada

Nos anos 60, o modelo de mulher gostosa era do tipo violão: busto generoso, cintura de pilão e quadris largos, como requer a anatomia de uma boa mãe-reprodutora. As deusas da beleza eram personificadas por Sophia Loren, Catherine Deneuve, Brigitte Bardot, além é claro, Marilyn Monroe, a musa imortal.

Seus corpos esculturais faziam os homens sonhar. Mas nada era escancarado, não se expunha a mulher como cortes de gado pendurados num açougue. Ninguém corria o olhar ávido pelas páginas de jornais ou revistas em busca de 45 quilos de músculos, 180g de prótese de silicone, ou, pior, um vislumbre das entranhas femininas.

Rostos marcantes e belíssimos como os das divas brasileiras Tonia Carrero, Odete Lara ou Norma Bengell eram valorizados tanto quanto suas belas formas que, é claro, também povoavam o imaginário masculino.

Atualmente, os ícones da beleza feminina foram padronizados nas figuras esquálidas das top models, sempre com o peso entre 40/50kg e idade entre 13 a 23 anos.

Dia desses, em entrevista a uma emissora de TV, a consultora de beleza de uma popular rádio paulistana afirmou que, depois dos 25 anos, o corpo entra em colapso e começa a inexorável decadência física. Triste perspectiva para uma população que, segundo o último censo, aumentou consideravelmente seu tempo de vida.

Semana a semana novos rostinhos e corpinhos bonitos disputam espaço para marcar seus 15 minutos de fama. Para meu consolo, um amigo, cavalheiro autêntico, defende a idéia que ser bonita aos 18 anos não é virtude, mas obrigação. De fato, o viço da juventude confere a qualquer ser humano um momento de beleza ímpar.

Existe, no entanto, uma beleza que se adquire com o tempo e a autovalorização. Muitas de minhas amigas tornaram-se mais belas "na idade da decadência", ou seja, a partir dos 25 anos. Para quem duvidar, basta uma consulta aos arquivos fotográficos da época da adolescência, comparando-se a fotos atuais. Acredito mesmo que, se Balzac fosse vivo, enalteceria hoje a mulher de 40 anos.

Na mídia, porém, mulher bonita com mais de 30 continua sendo aquela com corpinho de 20, namorado 10 anos mais jovem, atitude e figurino de adolescente; some-se a isso a prática de esportes radicais, a malhação compulsiva, um amigo cirurgião plástico para "dar um retoque" aqui ou ali e *voilá*!

Escrava das dietas, visita spas e academias avidamente, pois é para lá que se dirigem os olhares atentos das lentes da TV e das lentes fofocagráficas. Será esse o modelo de mulher que herdarão nossas filhas?

Que aprendizado positivo podemos extrair dessa obsessão quase coletiva? Sabemos que corpo bonito nem sempre é sinônimo de saúde. Por outro lado, temos consciência de que gordura não é saudável nem embeleza ninguém. Então, que tal encarar de uma vez o terrível binômio forma/conteúdo, respondendo, sinceramente: você está em paz com as formas estampadas no espelho?

Atualmente, mulheres estão sempre brigando consigo mesmas, principalmente no que se refere à própria imagem. Como existem várias propostas tentadoras ao alcance da classe média, aumentou consideravelmente o número daquelas que almejam seios turbinados, barriga lisinha, bumbum empinado, pernas e braços bem torneados, pele viçosa, lábios carnudos, rosto esticadinho.

As que buscam atingir seu modelo ideal de perfeição através da lei do mínimo esforço, submetem-se a vários tipos de agressões, por vezes arriscando a vida nas mãos inescrupulosas de profissionais incompetentes, nem sempre habilitados, na ilusão de que eles se responsabilizarão por seus ilusórios resultados.

É claro, existem exceções – como aquelas que padecem de disfunções hormonais, problemas hereditários ou algum tipo de acidente. Para essas, a intervenção de um bom profissional é indispensável. Muitas, no entanto, fariam bem melhor se assumissem a parte que lhes cabe no “naufrágio” que estão prestes a presenciar.

Um exemplo: a popular lipoaspiração, cujos casos desastrosos foram amplamente divulgados pela imprensa, causando deformações e até mesmo a morte de candidatas ingênuas à mercê de charlatães. Ainda que realizada por médico especialista, de nada adiantará se novos hábitos não forem incorporados à sua vida.

O que você pode fazer por sua saúde e boa forma física é bem mais do que imagina. Requer seu empenho, como tudo o que dá prazer e é duradouro: seja cultivar uma amizade, um relacionamento amoroso, uma planta, um animal. Por isso, arregace as mangas e ao trabalho!

Os modelos atuais de beleza nos colocam em guerra constante contra a balança, seja por dois, cinco ou vinte quilos acima do peso recomendado. Sabemos que carregar peso extra pode complicar o funcionamento do coração, detonar as pernas (causando varizes e problemas nas articulações, principalmente nos joelhos), além de nos fazer parecer com uma mexirica gigante, graças à famigerada e indesejável celulite.

Na maioria dos casos, amiga, o espelho não é cruel. A crueldade habita sua mente: você é que se maltrata substituindo frustração por uma bomba de chocolate e raiva engolida por um pote de sorvete. De fato, não temos obrigação de nos manter em forma feito deusas, mas podemos aprender a tornar esse "sacrifício" um saudável prazer.

Para "sensibilizá-la" (e, quem sabe, convencê-la), faça o teste: prenda dois quilinhos de arroz em volta da cintura com fita crepe, vista uma camiseta e dê uma volta no quarteirão. Que tal? Pois é esse o efeito do peso extra que você carrega por "não ter jeito" de eliminá-lo.

Sabemos que existem problemas de obesidade ocasionados por disfunções hormonais, herança genética e outros tantos fatores complexos. Também é fato que gordura excessiva – e a insatisfação consigo mesma causada por ela – pode ser resultante de falta de informação, alimentação inadequada e um tantinho de preguiça. Se for este o seu caso, ao trabalho: que tal eliminar os excessos cortando e/ou consumindo as calorias extras?

Referência no assunto é a empresária Lucília Diniz. Mulher bem nascida e bem criada, tinha tudo para habitar o Olimpo das deusas, sem ter de se preocupar com o universo das mulheres comuns. O destino, no entanto, pregou-lhe uma peça, que ela soube reverter em seu mais belo troféu. Por anos, Lucília lutou contra a obesidade, experimentando todo tipo de tratamento, com os mais renomados especialistas, sem obter êxito. Quando enfim, através da espiritualidade, conscientizou-se de sua importância no mundo, resolveu mudar radicalmente.

Foi assim que eliminou de sua vida indesejáveis 60kg (uma Lucília inteira, como ela própria diz!). A partir dessa vitória, todos queriam conhecer a fórmula secreta que resultou em tão extraordinária mudança.

Para surpresa geral, ela declarou ter concebido um método a partir da combinação de vários elementos de outras frustradas tentativas, criando um sistema próprio. Suas experiências foram registradas em livros e resultaram na criação de uma linha de produtos light comercializada através de uma das redes de supermercados de sua família.

O sistema é simples e apóia-se em cinco pilares fundamentais. O primeiro refere-se à *nutrição*, em especial à qualidade e à quantidade dos alimentos ingeridos. À medida que o tempo passa, nosso corpo vai mudando, mas insistimos em manter os mesmos velhos hábitos alimentares adquiridos na infância.

Na idade adulta, deixamos de crescer "para o alto" e nos desenvolvemos "para os lados". Já não precisamos de tantos carboidratos (farináceos, massas) nem de tanta proteína animal (carne, ovos, principalmente as gemas). O leite (necessário na prevenção da osteoporose) pode ser substituído com vantagens pelo iogurte. As porções devem ser reduzidas, principalmente se nosso estilo de vida é sedentário. A conhecida pirâmide alimentar (ilustrada adiante) recomenda o consumo equilibrado: "de tudo um pouco"....

Entra em campo a segunda proposta, que sugere *movimento*. Lucília é insistente na questão da prática regular de atividades físicas. Da caminhada à corrida, vale tudo, sem a necessidade de freqüentar uma academia, clube ou qualquer instituição especializada.

Lembre-se: em qualquer idade é necessária uma avaliação médica antes de adotar qualquer programação autônoma de exercícios, por mais leves que estes possam parecer. Alguns parques públicos (como o Ibirapuera e a Cidade Universitária, em São Paulo) oferecem orientação e avaliações gratuitas, inclusive programas personalizados de exercícios, com acompanhamento de profissionais.

O terceiro item reforça a necessidade de *informação*, sugerindo que devemos manter nossos conhecimentos sobre alimentação, práticas físicas e bem-estar em geral sempre atualizadas. Há livros sobre dietas alimentares e condicionamento físico elaborados por profissionais competentes pelo preço de uma ida ao cabeleireiro; apenas seja criteriosa na escolha das fontes.

O quarto tópico refere-se às *emoções*. Conforme apontamos em capítulo anterior, nosso trato com elas constitui fator preponderante para o fortalecimento da auto-estima, que inclui saúde e boa forma física.

A quinta recomendação abre espaço para o *prazer* e a *alegria de viver*, conseqüência natural de quem mantém mente sã em corpo são. Saudável e de bem com o espelho, podemos aproveitar as coisas simples e boas da vida com mais alegria e otimismo, valorizando o bom humor, a companhia das pessoas queridas, dando graças por nossas conquistas. Está a seu alcance uma vida mais equilibrada e feliz. Experimente: o esforço é bem pequeno quando comparado à enorme satisfação de sentir-se totalmente à vontade em relação ao próprio corpo.

Dicas quentes

- Calcule seu índice de massa corpórea (IMC) e avalie seu peso. Divida seu peso pelo quadrado de sua altura. Ex.: Se você pesa 65,5kg e mede 1,62, calcule assim

$$(65,5) : (1,62 \times 1,62) = 65,5 : 2,62 = 25$$

Resultados:

Abaixo de 18,4 - peso abaixo do saudável

Entre 18,5 e 24,9 - peso saudável

Entre 25 e 29,9 - sobrepeso

Entre 30 e 38,9 - obesidade

Acima de 39 - obesidade grave

- Esta aprendi não me lembro com quem, mas é útil quando se almoça fora. Diz respeito às quantidades ideais de carboidratos e proteínas, por refeição, para uma pessoa adulta: uma porção do tamanho de uma mão fechada de carboidratos + uma porção do tamanho de uma mão espalmada de proteínas.

Adote uma dieta balanceada seguindo a pirâmide alimentar*:

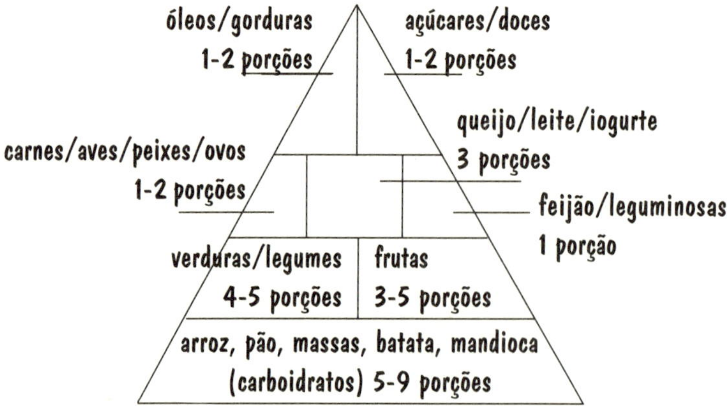

O que é uma porção?
carboidratos = 1/2 xícara ("mão fechada")
verduras e legumes = 1 xícara
frutas = 1 unidade pequena ou 1/2 xícara
queijo = 1 fatia média
carnes, ovos, peixes = 1 filé pequeno (90g, "mão espalmada")
ovos = 1 unidade
leguminosas - 1/2 xícara
doces = 1 unidade pequena (opcional)
óleo, mateiga ou margarina = 2 colheres (chá) (opcional)
açúcar ou mel = 2 colheres (chá) (opcional; se puder, substitua por adoçante)

- Pratique 30 minutos diários de exercícios aeróbicos (caminhe, suba escadas, corra, dance, pule corda, ande de bicicleta); se puder, combine com sessões de alongamento (indicado antes e depois das atividades aeróbicas).

* Adaptada pela profa. Sonia Tucunduva Philippi, da Fac. de Nutrição da USP

Mulher Mãe

Carta aberta às nossas filhas

Duas ou três coisas que eu diria a uma filha adolescente sobre a primeira vez

A revolução sexual iniciada a partir dos anos 60 resultou em preciosas conquistas para as mulheres. Durante muito tempo sob o jugo masculino, historicamente servis ou até mesmo escravizadas, eis que o poder feminino retomou seu lugar com orgulho e honradez. Ao longo do tempo, evoluímos. Tal evolução não serviu, porém, para dirimir uma de nossas dúvidas mais comuns: quando e como proceder à iniciação sexual?

Um número cada vez maior de adolescentes anseia por sexo. Também, pudera, com a supervalorização do corpo e a erotização precoce das meninas através da mídia, não é de se estranhar que tal dúvida fique martelando as mentes juvenis, assoladas por tantas informações e requisitadas através de inúmeros apelos.

Ao longo dos anos, venho percebendo a dificuldade de certos pais quanto à abordagem do tema junto a seus filhos adolescentes. Alguns sentem-se constrangidos; outros, por questão de valores, dão a palavra final, deixando o jovem sem direito a voto. Tenho observado de tudo: pais omissos, permissivos, indiferentes.

Há os que se limitam a repassar informações de maneira didática, como numa "aula" de educação sexual. E também os que não dão abertura para discussão. É claro que existem ainda aqueles que são amigos, amorosos, dedicados, o que nem sempre lhes garante que serão ouvidos ou de que terão sua opinião considerada.

Já ouvi de muita filha adolescente (dos outros, porque não sou mãe) críticas ferozes, reduzindo os pais a meros dinossauros ultrapassados. Pois é a esta que me dirijo; baseada, pois, não na experiência de mãe, mas de mulher. Então, queridinha, conte com minha simpatia e colaboração. Você tem em mim uma aliada.

É isso aí: pai e mãe não estão com nada, não entendem você, não sabem o que você está sentindo. Nunca foram jovens ou, se foram, faz muito tempo e já se esqueceram de como era bom...

Eu, ao contrário, me lembro perfeitamente de quando era adolescente e me proponho a falar agora como uma amiga mais velha, convidando você, garota, a prestar atenção em muitas coisas que seus pais – especialmente sua mãe – certamente gostariam de lhe dizer... se soubessem como!

Optei por dirigir-me exclusivamente às meninas, visto que somos seres da mesma espécie. Sempre é melhor falar do que se sabe em vez de divagar sobre o "complicado e insensível" universo masculino, aquele Clube do Bolinha do qual nunca faremos parte; pelo menos nesta encarnação.

Comecemos pela tal história do "ficar". Através da observação minuciosa eu diria que tal atitude é uma espécie de treinamento intensivo de carícias, um passa a mão daqui e de lá, a "azaração", uma espécie de laboratório de preliminares.

Ok, se você se dispõe a fazer o papel de cobaia, vá em frente; afinal, já vi muita mãe conformada cair na lábia da experiente criatura juvenil e sair repetindo que "tudo na vida é experiência". Lembro a você, garota, que ser estuprada também é uma experiência sexual; mas você não precisa, necessariamente, passar por isso, não é mesmo? Assim também não deve fazer nada que agrida sua vontade simplesmente para não parecer "diferente", careta ou fazer parte do grupo das descoladas. Pense bem.

Ficar implica, mais tarde, a quase irresistível vontade de transar. E é aí que a coisa pega: a primeira vez, em geral, é tanto misteriosa quanto assustadora; para quem age impulsivamente, pode causar sérios problemas psicológicos em sua vida sexual e nos relacionamentos futuros.

Alguns pais proíbem o sexo explicitamente durante a adolescência, o que não vai adiantar nada se você estiver a fim de quebrar as regras; aí você pode se entregar a uns momentos fortuitos, uma rapidinha, certa de que está fazendo amor.

Provavelmente, no auge do entusiasmo somado à pressa e às condições desfavoráveis, vai se esquecer de cuidados importantíssimos como o uso da pílula e da imprescindível camisinha. E o que era para ser um doce romance de sessão da tarde acaba virando filme de terror: pouco depois você se vê grávida, desamparada, apaixonada por um moleque que mal sabe onde tem o nariz e foge da responsabilidade como o diabo da cruz.

Pior ainda: sai espalhando pelos quatro cantos que você não vale nada, é fácil, é galinha, inventando mil barbaridades e obscenidades. Definitivamente, se você soubesse, escolheria um príncipe mais nobre, não é mesmo? Que pena, garota, não dá pra voltar o filme...

Gravidez e maternidade precoces não são nenhum bicho de sete cabeças; no entanto, para quem demonstrou não saber cuidar de si mesma, assumir a vida de uma frágil e dependente criaturinha – o seu bebê – pode representar muita complicação.

Isso interfere em seus planos futuros, ocupa parte do tempo que deveria ser dedicado aos estudos, desperdiça noites de sono com fraldas, diarréias, mamadeiras, febres e outras preocupações. Enquanto isso, garotas e garotos aproveitam a *night* para dançar e se divertir, como é bastante apropriado para gente da sua idade.

E ainda tem mais. O uso precoce da pílula pode causar disfunções hormonais como ganho ou perda excessiva de peso; pode alterar seu fluxo menstrual, a textura de sua pele – resultando nas indesejáveis espinhas –, provocar queda e escurecimento dos cabelos... Tomada sem orientação médica, pode interferir em seu metabolismo a ponto de criar dificuldades quando, em idade adulta, você realmente quiser engravidar.

Processos modernos como fertilização *in vitro* e outros recursos contra infertilidade ainda não são 100% garantidos e têm custo elevado. Já pensou que frustração se, no futuro, você não puder realizar seu sonho dourado de maternidade?

Pior que tudo isso é a fatalidade, o caminho tortuoso, às vezes sem volta, das DST – doenças sexualmente transmissíveis – dentre as quais se encontra o flagelo da AIDS,

Síndrome da Imunodeficiência Adquirida, para a qual ainda não existe cura. Aí você faz tudo certinho, bem escondidinho e, de repente, pega uma gripe que se transforma em pneumonia, que evolui para uma infecção generalizada, que acaba num leito de hospital. Fim da sua história.

Quando se ouve falar sobre sexo, tal experiência nos parece muito atraente. Uma integração perfeita entre os opostos, dois seres em um, quanta poesia!! De fato, o sexo movimenta o mundo, garante a sobrevivência da espécie, é importantíssimo. E é muito bom quando compartilhado com a pessoa certa, num clima de intimidade e privacidade. Como conseguir tudo isso? É simples: cresça!!

Talvez você esteja pensando onde/como encontrar o parceiro ideal. Para (re)conhecer o outro, é preciso, antes de tudo, uma boa dose de autoconhecimento. O que você sabe sobre seus próprios gostos? Sobre o funcionamento do seu corpo? Seus planos para o futuro? É capaz de tomar conta de si mesma ou é do tipo maria-vai-com-as-outras, tendo sempre que concordar para ser aceita?

Sabe exigir ou sabe apenas ceder? Está preparada para ser contrariada, ouvir e dizer um "Não!" de vez em quando? Tem recursos próprios para seu sustento? Ou espera convencer seus pais para que eles facilitem as coisas, permitindo que você transforme seu quarto num "ninho de amor"? Se lhe faltar resposta para uma única destas perguntas, considere: você ainda não está pronta.

Eu sei o quanto isso pode parecer confuso, mas, creia, cada fase de nossa vida vale a pena se soubermos aproveitá-la ao máximo, de acordo com nossos recursos presentes, sem ansiedade, sem colocar o carro na frente dos bois. Aliás, cabe aqui um outro ditado antigo: onde passa boi, passa boiada. De desconsolo em desconsolo chega-se facilmente ao tortuoso caminho da vulgaridade, onde mocinhas desavisadas costumam rodar sem rumo, de mão em mão, por muito tempo.

Talvez você esteja pensando que estou aqui para defender a bandeira da virgindade. Pois saiba, amiguinha, que não conheço nenhuma mulher da minha geração que permaneceu virgem... Também não ponho a mão no fogo sobre se alguma delas casou-se virgem – o que não é da minha conta nem da sua; nem tem a menor importância.

Cabe a você, exclusivamente, decidir quando chegar o seu momento. Espero que você seja suficientemente capaz e sensível para não ceder a pressões de seu namorado, de suas "amigas", de sua turma, enquanto estiver em dúvida. Aja livremente. A questão não é o que se faz com o corpo, mas como, quando e com quem se faz. Tudo tem seu momento: não apresse o rio, ele corre sozinho.

Também é bom lembrar que ninguém se "torna mulher" pelo simples fato de transar. Tornar-se mulher requer tempo, maturidade, e acima de tudo, atitude.

Se seus sonhos incluem família, filhos e casamento, fique fria; desde há muito ninguém "fica pra titia" porque marido é artigo raro (que coisa mais antiga!!!). Nos meus tempos de adolescência, as estatísticas já acenavam com esses quadros "estarrecedores" afirmando existir, em média, dez mulheres para cada homem.

Pois acredite, querida: dentre essas dez incluem-se uma mãe, duas avós, talvez uma bisavó, quem sabe umas duas irmãs e três tias, com quem o seu príncipe nunca pensará em fazer sexo (a menos que seja doente da cabeça...) Resta-lhe, pois, uma única possibilidade: *você*!!

Falando sério: recomendo-lhe que não entre no time das desesperadas, porque minha mãe sempre nos dizia (éramos três filhas) que a pessoa certa se conhece até mesmo dentro de casa. E foi assim que minha irmã do meio de casou com o vizinho da casa em frente. De minhas amigas adolescentes, só não casou quem não quis. Algumas de nós casamos mais de uma vez. Príncipes existem, confie. E o seu está por aí, você acaba cruzando com ele nas baladas da vida.

Se, a propósito, suas amigas insinuarem que "você não sabe o que está perdendo", aqui vai mais uma dica para sua reflexão: desde que ainda não tenha experimentado, você não está perdendo nada, porque ninguém perde aquilo que não possui, não é mesmo? Ou você já viu alguém perder um relógio de ouro que nunca teve?

Sonhar é bom, é gostoso e faz bem. Já vi grandes sonhos juvenis se transformarem em vidas medíocres e sem brilho por pura precipitação. Realizar os próprios sonhos é tarefa essencial para quem se lança ao prazer de viver.

Saiba que sexo não é sinônimo absoluto de prazer, mas apenas um dos seus componentes essenciais. Quando experimentá-lo, nesse momento terá perdido sua inocência, amadurecendo um pouco mais neste fascinante caminho para tornar-se um ser humano cada vez melhor. Mas, que você nunca perca a pureza de seus sentimentos e de suas intenções, porque a humanidade precisa disso, como precisa de sexo para crescer e de muito amor para evoluir.

Fique esperta, garota!

- Quando decidir, de fato, iniciar sua vida sexual, consulte um (prefiro uma!) ginecologista e informe-se sobre o método anticoncepcional mais indicado para você.

- Não acredite em tabelinha nem em coito interrompido. Na hora do bem bom, é difícil fazer continhas ou controlar o tesão.

- Importante: exija que seu parceiro use camisinha; por enquanto, é a única proteção eficiente contra a AIDS.

- Importantíssimo! Camisinha só funciona se o parceiro "vesti-la" direitinho. Aprenda a colocar a camisinha, para o caso de seu namorado não saber. Sem essa de "vergonha em tocar no assunto"; afinal, se você decidiu fazer sexo, não há porque evitar falar sobre sexo com ele, sem restrições.

Aqueles dias

TPM, mau humor e outras esquisitices

Acreditem, meninas: no tempo de suas bisavós, o período menstrual era veladamente conhecido como "aqueles dias". Durante "aqueles dias", as mulheres amargavam momentos de recolhimento, cuidados redobrados com a higiene, certa vergonha misturada a uma inexplicável introspecção, e às vezes, muito, muito sofrimento.

Não existiam as tais gotinhas mágicas capazes de dar sumiço nas cólicas como quem as tira com a mão. Enxaqueca, mal-estar, olheiras e inchaços assinalavam a maldição inerente à feminilidade.

Também não havia o controle do fluxo através das dosagens hormonais contidas nas pílulas anticoncepcionais, hoje adotadas em larga escala. Aliás, quando surgiram, pílulas anticoncepcionais eram utilizadas com a finalidade exclusiva de impedir a gravidez indesejada, não sendo de bom tom que moças solteiras fizessem uso delas, a menos que tivessem a clara intenção de "aprontar".

Menstruação era também conhecida como "incômodo", tamanha sensação de desconforto acarretada pelo uso das tais toalhinhas higiênicas; até chegar aos absorventes atuais, foram utilizados curiosos tipos de alfinetes, prendedores e até calcinhas com fundos plásticos, um verdadeiro horror em termos de estética, segurança e bem-estar. Com tal aparato, era mesmo impossível ir à praia ou freqüentar piscina "naqueles dias".

Mesmo diante de tantos problemas reais, a temível Tensão Pré-Menstrual – a popular TPM dos nossos dias – era uma ilustre desconhecida. Ninguém associava crises de mal-estar e mau humor a oscilações hormonais, queda dos níveis de serotonina e *otras cositas mas*.

Trocando em miúdos: ao longo do ciclo menstrual, as concentrações dos hormônios femininos (estrógeno e progesterona) se alternam de maneira inversamente proporcional; assim, quando o nível de um se eleva, o do outro diminui. Suspeita-se que o aumento de estrógeno e a diminuição de progesterona, que ocorrem entre o primeiro e o décimo quinto dias anteriores à chegada da menstruação, possam causar os desagradáveis sintomas da TPM.

Assim, estariam mais propensas às crises as mulheres com mais estrógeno circulando em seu organismo: as estressadas, as mais velhas, as gordinhas e as que sofrem com o intestino preso (o hormônio contido nas fezes, quando não eliminado, é reabsorvido pelo organismo).

Quanto à questão da serotonina, uma substância que ativa a comunicação entre os neurônios, a história é bem parecida: baixos níveis dessa substância podem acarretar estados depressivos. E o nível costuma baixar às vésperas da chegada da menstruação.

Quais são os terríveis sintomas que caracterizam "aqueles dias"? Pelo lado emocional, irritabilidade, agressividade, depressão, choro fácil, oscilações de humor, tensão, estresse, insônia, diminuição da libido. Fisicamente, cansaço, acne, inchaço nas pernas, nos pés, nos seios, na barriga, dor de cabeça/enxaqueca, dor nas costas, aumento de apetite, compulsão por doces, intestino preso.

Ufa! Se alguma mulher for “premiada” com tudo isso de uma vez e não subir pelas paredes nem explodir pelos ares, merece mesmo o prêmio Nobel da Paz. Felizmente, nem todos os sintomas se manifestam ao mesmo tempo nem caracterizam o período menstrual de todas nós.

Atualmente, estima-se que 35% das mulheres brasileiras em idade reprodutiva padeçam desses desconfortos; suspeita-se também que a TPM e seus “incômodos” possam ser hereditários.

No entanto, garota, antes de maldizer sua linhagem e sua reles condição feminina, respire fundo e relaxe: tais estatísticas ainda não foram comprovadas cientificamente. Ou seja: não se tem certeza de que sejamos, de fato, vítimas potenciais “daqueles dias” de fúria.

Causas externas, segundo afirmam os especialistas, podem agravar o problema. Dificuldades com os estudos, o trabalho, os relacionamentos e outras situações estressantes acabam resultando nas famigeradas enxaquecas, indisposições e desejo de esganar um.

Não está aqui quem falou, mas corre à boca miúda que os juízes costumam ser condescendentes com mulheres que cometem delitos de qualquer natureza durante o período pré-menstrual. O que não deve servir de desculpa para você sair por aí atirando a torto e a direito.

Desejei de coração a chegada de minha menarca (traduzindo: a primeira menstruação). Minhas irmãs, um tanto precoces, receberam “as regras” (esta é outra maneira esquisitinha de se referir “àqueles dias”) aos onze anos. Eu já estava prestes a completar quinze e nada! Vivia chorosa pelos cantos, irritadiça, inconformada (seria uma pré-estréia, algum tipo de TPM permanente?!!); até que, um belo dia, aconteceu, e desencanei completamente.

Acho que de tão desejado e bem-vindo, nunca padeci dos males característicos do período menstrual. Vim saber o que era cólica com mais de 35 anos, com a colocação de um DIU (dispositivo intra-uterino, método contraceptivo mecânico). No mais, com a tecnologia a serviço da criação de absorventes de todo tipo, cada vez fica mais fácil esquecer quando estou "naqueles dias".

Através deste breve relato, tão íntimo quanto pessoal, espero apenas que você não utilize TPM como pretexto para dar chiliques, rodar a baiana nem ficar de molho exatamente no dia daquela terrível prova de matemática. Portanto, vida normal; como diziam nossas avós, vamos em frente, que atrás vem gente.

Mesmo quando a tal tensão se manifesta, não representa uma fatalidade. Médicos renomados afirmam que ela pode ser amenizada – ou até previamente controlada – através da prática de exercícios e dieta adequada. Por isso, antes de brigar com o namorado, xingar a mãe (e arriscar-se a perder a mesada) ou criar caso com a melhor amiga, esfrie a cabeça: dê uma chance à paz.

Aceite sua feminilidade e a menstruação como sintomas da perfeição que lhe foi concedida. E curta o que de bom ela pode lhe trazer, como o desabrochar da sexualidade e, no futuro, a realização do seu desejo de maternidade.

Receitinhas para enfrentar "aqueles dias"

- Malhação é fundamental "naqueles dias": ande, corra, dance, pedale. Trabalhe seu corpo para esvaziar sua mente.

- Vai um chazinho broxante? Experimente boldo, carqueja, camomila, artemísia ou dente-de-leão, que protegem o fígado, evitam a constipação e, conseqüentemente, melhoram a pele.

Consuma:

- Alimentos de propriedades diuréticas para evitar inchaços: morango, agrião, alcachofra
- Fibras, para promover a limpeza dos intestinos, eliminado o excesso de estrógeno junto com as fezes
- Cereais integrais, feijões, vegetais e frutas
- Folhas verdes temperadas com azeite de oliva e suco de limão
- Pequenas porções de proteína animal - carnes, ovos, laticínios
- Vitamina B6 (suplementos ou alimentos ricos, como aveia e espinafre)

Evite:

- Açúcar (e doces, é claro!)
- Cafeína
- Sal em excesso
- Bebidas alcoólicas
- Gorduras
- Defumados
- Pimentas e alimentos picantes (ex.: picles, conservas)

"Mamãe, quero ser top model"

Sobre anorexia, bulimia e outras tolices

Quando você menos espera, eis que aquela menininha, que há bem pouco tempo era o seu bebê, aparece à sua frente vestindo as formas de uma bela mulher. Altura, cintura e um mar de curvas – seios, quadris, pernas torneadas, barriguinha sarada – enfim, um kit completo de beleza, charme e gostosura.

Maquiagem ela usou a partir de tenra idade (desde o advento de Xuxa – quem sabe com uns três ou quatro aninhos...). E agora desfila por aí, arrancando suspiros de admiração e certos olhares de cobiça e de arrebatamento.

"Tudo bom, tudo bem, como é grande e bonita a Natureza!", você se põe a pensar, orgulhosa. Até ela chegar com aquela conversa sem pé nem cabeça, "tipo assim": *Ô mãe, quero fazer teste pra ser modelo e manequim!*

Atualmente não conheço garota bonita que não cultive o secreto desejo de tornar-se bela, famosa e rica abraçando a glamourosa carreira. Que delícia! Já imaginou viajar pelos quatro cantos do mundo, gravar seu nome na história ao ser clicada pelas lentes mágicas dos maiores mestres da fotografia de moda? É, de fato, "tudo de bom".

Enquanto o sonho se resume em conversa fiada, mães extremosas vão contornando daqui e dali, fingindo tomar sérias providências na tentativa de "fazer contatos". Para a adolescente, no entanto, aquilo é papo sério, questão de honra, de vida ou de morte; e é aí que mora o perigo.

Na intenção de alcançar o estrelato, a candidata a *top model* começa a incorporar estranhos hábitos; caso pretenda apenas ter "estilo", vestindo-se de maneira pouco convencional ou pintando os cabelos de verde-limão, tais atitudes parecem aceitáveis; são arroubos da adolescência que, como diria meu pai, vêm forte e passam depressa; pequenas extravagâncias, exercícios de auto-afirmação de quem está à procura da própria identidade

A coisa começa a pegar quando as criaturas se tornam extremamente exigentes quanto à aparência, entrando em parafuso diante do espelho ao localizarem uma única – e mínima – espinha; ou quando acreditam necessitar de plástica urgente para reformular o nariz; ou que precisam, a qualquer custo, decorar o corpo com tatuagens exóticas e *piercings* – quase sempre de fácil aplicação e complicadíssima e cirúrgica remoção.

A paranóia se consuma com a preocupação obsessiva em relação à balança, buscando a magreza esquelética das passarelas como referência de beleza. Aí a garota habitua-se a ter como meta "dois quilos a menos", não importando qual seja seu peso atual ou quanto já tenha emagrecido na tentativa de alcançar esse ideal.

Representantes da geração fast-food são vítimas potenciais desse processo autodestrutivo. Submetida desde a infância à dieta calórica representada pela dobradinha hambúrguer com batatas fritas, a menina chega à adolescência com excesso de peso. Apesar de gordinha, faltam-lhe nutrientes essenciais ao organismo, como cálcio (pela baixa ingestão de leite e derivados) e vitaminas (presentes nas frutas e verduras que, em geral, abominam).

Mesmo assim, para atingir sua meta – a carreira de modelo –, a jovem tenta, então, recuperar rapidamente o tempo perdido. E no intuito de livrar-se dos quilos extras, entra de cabeça nesse vale-tudo, submetendo-se, inclusive, a um tipo velado de "greve de fome".

Distúrbios alimentares como bulimia e anorexia costumam acontecer a partir da adolescência até o início da idade adulta. Apresentam como causa principal a obsessão pelos padrões de beleza vigentes; mas, podem também ocorrer por predisposição genética, distúrbios psicológicos ou cobranças familiares.

A bulimia caracteriza-se pela ingestão excessiva de alimentos, que são eliminados logo em seguida através de vômitos provocados; os sintomas que evidenciam o distúrbio incluem dores de estômago, náuseas, desmaios, diarréia e irregularidade menstrual. Enquadram-se no grupo de risco mulheres jovens, entre 20 e 30 anos. Cerca de 60% dos tratamentos de bulimia obtêm sucesso, revertendo a situação.

No quadro de anorexia – que abrange a faixa dos 12 aos 20 anos – a jovem evita ingerir a quantidade de calorias necessárias para a manutenção do peso recomendado para sua idade, biótipo e estilo de vida, lançando mão de vários recursos para emagrecer cada vez mais.

Dentre eles destacam-se cargas exageradas de exercícios físicos, mudança drástica dos hábitos alimentares, opção por alimentos de baixas calorias (saladas e frutas), consumo exclusivo de *diets* e *lights* (sem obedecer a recomendação médica), ingestão de laxantes e diuréticos (também adotados por conta própria), preocupação exagerada com a estética na busca da perfeição física. Os sintomas mais freqüentes da anorexia evidenciam pele seca, palidez, queda de cabelo, olhos fundos, pressão baixa e irritabilidade.

A perda excessiva de peso em curto espaço de tempo e o estado de depressão constante caracterizam visivelmente os dois distúrbios, tornando difícil ignorá-los ou confundi-los com falta de apetite, que é coisa passageira.

As anoréxicas adotam comportamento pouco amigável: mentem quando o assunto é comida (tanto sobre quantidades quanto em relação à freqüência das refeições ou a contagem de calorias); sem perceber, falam sobre o tema a todo momento e costumam atribuir a si mesmas uns quilinhos a mais, a fim de parecerem saudáveis.

O problema é tão sério que precisa ser tratado por uma equipe multidisciplinar, incluindo nutricionista, psicólogo, terapeuta ocupacional e clínico geral. Segundo dados do Ambulatório de Bulimia e Transtornos Alimentares do Hospital das Clínicas de São Paulo, os índices de recuperação, nos casos de anorexia, são bem menos otimistas em comparação aos da bulimia: somente um terço das pacientes se cura; um terço melhora e o restante torna-se doente crônica.

Convém ressaltar que a magreza bonita, aquela que desfila nas passarelas e enfeita as capas das revistas, requer muita disciplina e dose considerável de sacrifícios. Além das restrições alimentares impostas às modelos profissionais, elas precisam também abrir mão de outros prazeres bem sedutores para as adolescentes, como finais de semana na praia ou a ferveção das baladas noturnas.

Namorar até pode, desde que o gato não seja muito ciumento... Será necessária, no entanto, uma santa paciência – e boa saúde – para enfrentar testes e mais testes antes de chegar ao estrelato.

E que ela não se iluda: os bastidores da moda não são, propriamente, o que se poderia chamar de cenário de sonho. Como quem está na chuva tem de se molhar, seus cabelos são lavados, puxados, tingidos, alisados, arrepiados. A pele de porcelana recebe camadas de pan cake aplicadas com esponjinhas de uso comum – nem sempre higienizadas. Batom e gloss passam de mão em mão, de boca em boca. Argh!! A produção da beleza em série não oferece um mínimo de exclusividade.

Convém visitar um estúdio ou acompanhar uma produção antes de optar pela carreira e comprometer seu tempo com essa indústria da vaidade. Lembre-se: o tempo é nosso bem mais precioso; sua perda é irrecuperável.

Somente a candidata a modelo poderá decidir até onde se aventurar nessa caminhada rumo à realização de seu desejo. No entanto, não lhe é permitido atentar contra a própria saúde, criando um distúrbio de difícil controle, que pode conduzi-la a um caminho sem volta. Para evitar essa roubada, é bom contar com a presença amiga da mãe, além do próprio bom senso. Se esta for, de fato, sua vocação, siga em frente enfeitando o mundo. Boa sorte e muito sucesso é o que lhe desejo, de coração!

Fuja das armadilhas

- Pratique exercícios com moderação, seguindo a orientação de especialistas. Diga não à malhação obsessiva.

- Evite as dietas da moda (da sopa, da Lua, da maçã). Parecem milagrosas (realmente você perde peso!) mas, ao longo do tempo, causam desnutrição

- Adote porções adequadas, respeitando a pirâmide alimentar (veja p. 154). Informe-se sobre a quantidade ideal de calorias/dia, de acordo com sua idade, peso, altura e estilo de vida.

- Faça, no mínimo, cinco refeições por dia (café da manhã – a principal –, lanche da manhã, almoço, lanche da tarde, jantar; se puder, cai bem um leitinho quente antes de se deitar). Acredite: quando o organismo fica muito tempo sem "combustível", sente-se ameaçado e procura "estocar" provisões, que resultam nas indesejadas "gordurinhas".

- Vale tudo. É proibido proibir. Se sentir vontade de comer chocolate ou uma fatia de bolo, vá em frente. A ansiedade gerada por um desejo não atendido fará com que você tente substituí-lo por vários outros alimentos, sem nunca chegar à saciedade. Controle apenas as quantidades.

- Fique de olho nos diets e lights. Apesar de menos calóricos, ingeridos em excesso engordam como qualquer outro alimento.

- Em caso de dúvida, consulte: Ambulim (Ambulatório de Bulimia e Transtornos Alimentares do Instituto de Psiquiatria do Hospital das Clínicas de São Paulo) - Fone: (11) 3069-6975.

Mulher Toque Feminino

A mudança começa agora

Dicas de Feng Shui para harmonizar ambientes

Você já ouviu falar de Feng Shui? Pois bem, trata-se de uma antiga técnica chinesa para a harmonização de ambientes que parecia um modismo dos anos 90, mas, pelo jeito, veio para ficar. O termo significa, literalmente, *Vento* (simbolizando o Ar) e *Água;* de acordo dom essa tradição, tais elementos vitais são imprescindíveis para o fluxo da energia, pois representam movimento.

Segundo o Feng Shui, energia estagnada gera doenças e desequilíbrios; por isso, um ambiente saudável, harmonioso e próspero requer a compreensão e a adoção desses princípios básicos inspirados na observação da natureza.

Yin e Yang são as polaridades opostas e complementares; como Terra e Céu, Sombra e Luz, Frio e Calor, Feminino e Masculino, Quietude e Movimento. Dependem um do outro, bem como se transformam um no outro.

Sua coexistência expressa o sentido da vida, o princípio energético vital. Permitir que o que é naturalmente yin – objetos, móveis, estruturas – coexista em harmonia com o que é yang – a energia circulante do ambiente –, é o princípio fundamental do Feng Shui.

Você pode adotar, de imediato, algumas dicas simples visando promover uma agradável sensação de leveza e bem-estar nos ambientes de sua casa ou escritório, através de pequenas e funcionais mudanças. Para isso, basta mudar a posição de alguns móveis e adotar um ou outro objeto decorativo recomendado por esta " arte". Não é preciso transformar seu lar, doce lar, numa lojinha oriental; se mal não faz, que tal experimentar, mesmo que seja para quebrar a monotonia, exercitar a criatividade ou por pura diversão? Então, mãos à obra!

De acordo com o Feng Shui, a energia sempre circula a partir da entrada de um ambiente para alguma via de saída, geralmente localizada na parede oposta (pode ser uma janela, outra porta, etc.).

Geralmente, a energia "entra" numa casa ou apartamento pela sala (entrada principal; serve também a de serviço – talvez a da cozinha – se esta for a mais utilizada). O movimento começa na porta e segue em direção ao corredor de distribuição (pode também desembocar em outro cômodo, como, por exemplo, a cozinha ou a sala de jantar ou de TV). A energia flui em círculos; é recomendável, portanto, que não se criem bloqueios com móveis, vasos ou outros objetos que "atrapalhem" seu sentido natural.

O SOFÁ DÁ AS BOAS-VINDAS - Na sala de estar ou de TV, o sofá é peça fundamental. O melhor lugar para posicioná-lo é na parede oposta à entrada, evitando colocá-lo exatamente de frente para a porta.

É sempre recomendável que os móveis estejam encostados nas paredes; para a criação de dois ou mais ambientes, experimente dispô-los de maneira a permitir que a energia flua em círculos, formando espirais. Evite objetos altos (vasos, castiçais, abajures, porta-retratos) sobre mesinhas de centro ou mesas de jantar; eles bloqueiam a circulação favorável de energia.

O FOGÃO, CORAÇÃO DA CASA - Da sala para a cozinha. Como já mencionamos, as antigas vestais, sacerdotisas da deusa Vesta, eram responsáveis por manter permanentemente aceso o fogo da lareira em cada casa, a fim de proporcionar conforto e bem-estar. De acordo com o Feng Shui, o fogão é o representante moderno dessa chama sagrada que aquece o lar, simbolizando a força. Por esse motivo, não deve ter sua retaguarda desprotegida, ou seja, a parte traseira do fogão deve ser mantida longe de portas e janelas.

Nos projetos contemporâneos, muitas vezes a cozinha desemboca na lavanderia. É conveniente, nesses casos, que as portas de entrada e de saída desse cômodo estejam posicionadas frente a frente, formando um caminho reto e direto para que os detritos, os odores e as gorduras – energia "suja"– sejam dissipados rapidamente na direção da lavanderia, evitando que se espalhem para outros ambientes.

Pia e fogão, porém, devem manter-se às margens desse corredor de energia, para que seus usuários estejam protegidos de correntes de ar que possam "atacá-los" pelas costas. Se a planta de sua casa ou apartamento não permitir tal adaptação, habitue-se a cozinhar com a porta fechada; a prática é também recomendada se a porta da cozinha desembocar em frente à sala, quarto ou banheiro.

Acima do fogão, o único acessório aceitável é a coifa, que absorve odores e gorduras (nada de prateleiras, paneleiros ou armários "pendurados", para não estagnar a poderosa energia emanada pelo fogo). Facas e outros objetos cortantes não devem ser usados na decoração. Dê preferência às cores claras e suaves, evitando, na medida do possível, o aspecto cromado e brilhante.

O ponto central de cada ambiente é local de grande concentração de energia. Por este motivo, se houver uma mesa na cozinha, esta deve ficar afastada do centro; é preferível que fique encostada ou próxima a uma parede.

A CAMA E O REPOUSO DA GUERREIRA - Quais as recomendações do Feng Shui para garantir uma boa noite de sono e disposição o dia inteiro? Assim como o sofá é a peça fundamental na sala, ambiente de maior convívio social e familiar, a cama é a peça-chave no caso do quarto, reduto da privacidade.

Atualmente, a planta de muitas casas e apartamentos não oferece grandes possibilidades de variação na decoração desse ambiente, especialmente pela escassez de espaço. Sempre que possível, evite posicionar a cabeceira da cama na parede contígua à porta do quarto, de forma que só se consiga ver quem entra quando a pessoa já se encontra no ambiente; tal posicionamento causa desconforto e intranqüilidade, impedindo o relaxamento e a paz necessários ao descanso profundo.

Evite ainda a parede oposta, deixando os pés ou a cabeceira da cama diretamente voltados para a porta, senão você será "bombardeada" pelo fluxo da energia que entra. Cama no centro do quarto, com os pés voltados para a porta, também configura péssima localização: você estará completamente exposta, além de bloquear a poderosa energia central do ambiente, a que nos referimos anteriormente. Portanto, evite. O que nos resta, então? Boa sugestão é encostar a cabeceira ou a lateral da cama na parede oposta à entrada do quarto, no sentido transversal em relação à porta. Convém manter a cabeceira livre de objetos ou abajures.

Espelhos merecem atenção redobrada: não devem refletir a imagem das pessoas enquanto dormem; segundo o Feng Shui, isso impediria o merecido e necessário descanso de suas "almas".

Evite também armários, estantes, luminárias ou móbiles decorativos acima da cabeça. Objetos pendentes em excesso podem causar mal-estar e dores de cabeça constantes. Prefira camas de madeira às de metal. Na decoração, seja ecologicamente correta, evitando peles verdadeiras de animais (tanto em mantas e colchas como em tapetes, cortinas ou almofadas).

A iluminação adequada garante o conforto e cria o ambiente propício ao relaxamento eficaz. Evite janelas voltadas diretamente para a cabeceira ou pés da cama: a luz e a energia que entram através delas são incômodas para o descanso. Em casos extremos, recomenda-se o uso de cortinas em tecidos grossos, capazes de bloquear a claridade excessiva.

BANHEIROS: PRIVACIDADE E LIMPEZA – A eliminação de resíduos do corpo é fundamental para a manutenção da saúde. O banho diário pode ser encarado como um verdadeiro ritual; mantida a privacidade, é um bom momento para relaxar ou mesmo meditar.

Infelizmente, a maioria dos projetos não leva em conta os princípios do Feng Shui na idealização desse recanto sagrado. A melhor localização para o banheiro seria nos fundos da casa, em oposição à cozinha, com um ou mais cômodos entre ambos. As construções modernas, visando conforto e maior privacidade, costumam incluí-lo junto ao quarto de dormir, no arranjo conhecido como suíte. Nesses casos, convém manter a porta do banheiro sempre fechada. Também é útil colocar um prisma de cristal fixado no batente superior da porta.

Ideal seria que o vaso sanitário e o box com o chuveiro (ou banheira) estivessem localizados fora do ângulo de visão a partir da porta. É recomendável também que as costas do usuário não estejam ao alcance de janelas: estas deveriam estar localizadas nas paredes laterais, perpendiculares em relação a box e vaso sanitário.

O uso de uma persiana ou cortina de enrolar na janela pode amenizar o fluxo da energia do ambiente. Os espelhos devem ser cuidadosamente instalados: evite colocá-los de frente para a porta, voltados para a janela ou refletindo diretamente o vaso sanitário.

UM CANTINHO PARA CRIAR - Quem deseja ter um pequeno escritório em sua própria casa também pode se valer de alguns cuidados para manter o bom astral.

Evite deixar sua cadeira bem em frente à porta, assim como ficar de costas para a entrada ou para uma janela, estante com livros ou qualquer móvel abarrotado de objetos – eles representam energia estagnada.

Não coloque nenhum móvel – estante, arquivo, armário – de forma a impedir sua livre visão da entrada. Procure não ficar "encaixada" sob prateleiras ou estantes montadas acima de sua cabeça.

Se tiver de acomodar sua estação de trabalho no próprio quarto de dormir, considere o posicionamento adequado da cama, conforme visto anteriormente. Caso necessário, utilize um biombo ou um móvel baixo para dividir o ambiente e "proteger" sua privacidade.

Para atrair prosperidade, você pode pendurar uma harpa eólica (aqueles sininhos dos ventos), um móbile ou um prisma de cristal em qualquer ponto do ângulo formado pela parede do fundo e a parede esquerda de quem entra. Estas recomendações são válidas também para seu ambiente de trabalho, fora do lar.

Um pouco de cor

– Caso queira dar um "toque final", que tal um pouco de cor? Regra básica: use tons vibrantes para aumentar o chi (energia) e tons pastéis para suavizá-lo.

- De acordo com o Feng Shui, rosas-pálidos e lilases criam um efeito suave e relaxante nos quartos. Matizes fortes dessas tonalidades devem ser evitadas dentro de casa.

– Tonalidades que variam do amarelo, passando pelo ocre até atingir os tons terra podem ser utilizados em detalhes na cozinha.

– Bege e creme podem ser usados em qualquer ambiente, evitando-se o branco brilhante.

– Os tons azulados, por serem muito introspectivos, são aceitáveis apenas na sala de estar, mesmo assim nas nuances mais claras.

– Os verdes suaves podem ser utilizados em quartos e banheiros, evitando-se os tons fortes em qualquer aplicação interna.

Mais dicas

Para harmonizar os ambientes, você pode também utilizar uma das "Nove Curas" apresentadas a seguir:

1) Luzes e objetos brilhantes - Luminárias, velas, objetos de cristal servem para "expandir o chi". Por isso, se algum ambiente lhe poarecer desenergizado, lance mão deste recurso.

2) Espelhos - Para "abrir" um espaço. Escolha um numa bela moldura, de preferência numa cor que favoreça o ambiente.

3) Sons - Movimentam o chi. Utilize sinos dos ventos, sinos sagrados, instrumentos musicais ou mesmo um aparelho de som reproduzindo músicas relaxantes (New Age, clássica, canções de ninar, sons da natureza, etc.)

4) Elementos de força vital - Representantes dos reinos vegetal (plantas, flores) ou animal (aquário, casinha de hamster, de chinchila; um gato ou cachorro) estimulam o chi.

5) Objetos pesados - Para regular a energia desordenada. Utilize pedras, objetos de metal (esculturas, por exemplo).

6) Cores - Conforme indicação anterior.

7) Objetos móveis - "Espantam" a energia negativa. Utilize móbiles, cataventos, fontes, sinos dos ventos, prismas de cristal.

8) Objetos de poder - Espalhe seus talismãs, amuletos e âncoras pessoais para fortalecer o ambiente.

9) Água - Faz circular o chi e atrai a prosperidade. Utilize fontes (em movimento) e aquários.

Lar, doce lar

A técnica dos "5S" aplicada ao seu dia-a-dia

Passeando os olhos por uma revista de decoração, admiro aquelas casas de sonhos, tão ensolaradas, limpas e organizadas, como se fossem cenário para a próxima novela das 8. Nenhum grão de poeira, nenhuma franja de tapete fora do lugar, cozinhas sob medida, banheiras de Cleópatra, jardins espetaculares com o que de mais exótico, colorido e sofisticado a flora brasileira já produziu.

De volta à realidade, retomo a idéia da casa, do lar, porto seguro, templo sagrado compartilhado apenas com as pessoas a quem queremos bem. Nas paredes ecoam nossos risos e lágrimas; algumas guardam marcas de mãos suadas ou de um objeto atirado no calor da discussão. Nos edifícios altíssimos das metrópoles, cada janela encerra a história de uma vida, de muitas vidas. Vista assim, a cidade torna-se linda e humana.

Todas nós temos um modelo de moradia perfeita: para a família, a casinha branca com quintal, jardim e cachorro; para as solteiras, o apartamento acolhedor, cheio de frufrus, com toda a segurança e, se possível, um vizinho bonitão. Em cada cabeça, um projeto único; tudo sempre arrumadinho, cenário perfeito para matéria de revista.

Mas, o que fazer para controlar a bagunça que se instala em meio a montes de livros, revistas, CDs, roupas, sapatos, bijuterias, utensílios de cozinha, cosméticos, produtos de limpeza, badulaques decorativos, brinquedos, alimentos, bebidas, bugigangas de jardinagem, coisas do gato, ferramentas, materiais de reforma e construção, papel higiênico, cabos do laptop, negativos de fotos, fitas de vídeo, tranqueirinhas sentimentais, lembrancinhas de batizado, de aniversário, de casamento, canecas de chope, canequinhas de steinhagen, louças, copos, talheres, panelas, eletrônicos, contas pagas, contas a pagar, documentos, malas, sacolas, estive-não-sei-onde-lembrei-me-de-ti, cinzeiros, castiçais, velas, porta-retratos, plantas?

Tempos atrás, resolvi aplicar alguns princípios japoneses recomendados em situações de trabalho para pôr ordem em meu escritório. Apreciei tanto os resultados, que adotei-os também em meu lar, doce lar, com excelentes resultados. Como sempre, a tal sabedoria Oriental é pautada por regrinhas simples, que funcionam muito bem desde que as sigamos à risca. Que tal experimentar?

O método é conhecido como "Sistema dos Cinco S", pois cada conceito é representado por uma palavra do idioma japonês começada pela letra S; em português, diz-se que cada uma delas representa um "Senso de Melhoria" capaz de contribuir para tornar o ambiente mais agradável e propício ao aumento da qualidade e da produtividade.

Em princípio, o sistema foi desenvolvido para facilitar a organização de ambientes de trabalho. Nas sugestões apresentadas a seguir, as técnicas foram adaptadas para ajudá-la a pôr em ordem a bagunça doméstica, antes que tudo esteja por ela dominado.

O primeiro princípio, *Seiri*, é definido como "senso de uso" e sua principal recomendação é "mantenha apenas o que é necessário". Trocando em miúdos: quando estiver exercendo alguma atividade, deixe por perto apenas os materiais e equipamentos que você vai utilizar no momento, na quantidade exata.

Já viram os programas de culinária pela TV? Parece tão fácil preparar aqueles quitutes maravilhosos! Cada ingrediente selecionado é apresentado na medida certa, nada de pacotes de farinha espalhados, vasilhame de leite pingando ou caixas de ovos jogadas sobre a mesa. Apenas delicadas tigelinhas, dispostas pela ordem de adição, uma beleza. Muitas donas-de-casa reclamam que aquilo é impossível na vida real, dá muito trabalho, suja muita louça, etc. Quem não gostou é porque ainda não experimentou.

Um outro enfoque recomenda colocar em prática este princípio em duas etapas. Primeiro, você separa o que é útil do que é desnecessário. Em seguida, o que é realmente descartável – tendo o lixo como destino final – do que pode ser reaproveitado.

Vá até a geladeira ou a despensa e separe alimentos estragados ou com data de validade vencida; estes, descartáveis, irão direto para o lixo. Se existe algum produto que não a satisfaz completamente, mas que pode ser aproveitado, ofereça para alguém que possa usá-lo. É o considerado desnecessário útil.

O mesmo vale para roupas, sapatos e todos aqueles objetos enumerados anteriormente. Para não esgotar a natureza, é preciso esgotar os recursos de utilização de cada produto. Por exemplo, transformando a camiseta de estimação, já puída, em pano de chão (nada de sentimentalismo!); ou uma embalagem de presente em porta-jóias; ou os potes de sorvete em porta-trecos (são excelentes organizadores para pequenas ferramentas e pequenos frascos de cosméticos); ou as caixinhas pláticas de filmes fotográficos em "arquivos" de botões, parafusos e outras miudezas; ou a calça jeans numa minissaia, mochila escolar, almofada, peças de fuxico ou de patchwork, etc.

O segundo princípio é conhecido como *Seiton*, traduzindo o sempre adequado e almejado "senso de organização". Baseia-se no famoso ditado "um lugar para cada coisa e cada coisa no seu lugar".

Este princípio apresenta ainda um detalhamento bem funcional, através de quatro regrinhas básicas: 1) o que for de uso constante, deixe ao alcance das mãos; 2) o que for de uso eventual, ponha em segundo plano; 3) o que não tiver previsão de uso, remova do ambiente; 4) identifique o lugar de cada coisa, para que qualquer morador possa encontrá-la com facilidade.

Na prática doméstica, pode ser empregado na organização de armários – cada gaveta abrigando um tipo de roupa: meias e peças íntimas, roupa esportiva, roupa de festa, peças básicas para o dia-a-dia, roupa de inverno, roupa de verão, etc.

Há quem recomende o "rodízio" que deixa à mão apenas as peças que eventualmente poderão ser usadas na estação. Infelizmente, tal prática não se aplica em São Paulo, onde, numa mesma semana, experimentamos situações climáticas que vão de calor intenso a chuvas frias, com sensível queda de temperatura. Depois de muito penar, decidi utilizar cores como padrão de identificação nas gavetas, mesclando, por exemplo, roupas pretas leves, de meia estação e de inverno.

Seiton serve também para a arrumação de prateleiras: na geladeira, na despensa, na garagem. Tudo à mão, respeitando o princípio da utilização. Uma antiga empregada confundia organização com arrumação. Assim, vivia escondendo coisas em armários, sem o menor senso prático, apenas transferindo a bagunça de lugar.

Lembre-se: organização tem por objetivo facilitar sua vida e poupar tempo, devendo seguir sua própria lógica; portanto, se a furadeira é usada com freqüência, não precisa, necessariamente, ficar escondida no fundo da maleta de ferramentas Que tal colocá-la bem à vista, para que possa ser usada facilmente? Da mesma maneira, o filtro solar, o desodorante e o hidratante, que são de uso diário, podem ficar, sim, sobre a pia do banheiro. Isso não é bagunça, ao contrário, é organização!.

Seiso é o "senso de limpeza". A melhor forma de manter limpo é... *não sujar*!! Pasmei de admiração quando um colega japonês, dos tempos de faculdade, foi morar sozinho e comentou esse princípio. Pareceu-me impossível, mas de grande sabedoria.

Na ocasião, nós, moças casadoiras, pagamos para ver como um jovem do sexo masculino, educado segundo princípios machistas, sobreviveria sem uma "ama" para limpar suas janelas, encerar o chão, passar suas roupas, pregar seus botões. E não é que ele está por aí, vivinho da silva, com um apê de fazer inveja!! Funciona!!

Este senso destaca ainda a questão da aparência. Não basta estar limpo, é preciso parecer limpo. Convém, então, caprichar no acabamento: louça lavada não combina com lixeirinha repleta nem com fogão sujo; banheiro limpo combina com aromatizador, que deixa aquele "cheirinho de limpeza". Roupa lavada combina com lavanderia em ordem; roupa passada não combina com pilhas de roupa sobre as cadeiras, a cama. Mesa de trabalho limpa combina com remoção de pó, persianas abaixadas, cadeira no lugar; e assim por diante.

O quarto princípio é *Seiketsu*, "senso de asseio, saúde e conservação". É claro: depois de tudo selecionado, organizado e limpo, há que se manter essas conquistas, para não retroceder às etapas anteriores.

A idéia é "sobreviver ao blackout". Uma amiga enfatiza que o marido, virginiano típico, é capaz de distinguir, de olhos fechados, um par de meias pretas das meias marrons. No escuro. Pegou a idéia? É por aí...

O quinto e conclusivo princípio pode ser perfeito para os orientais, mas é dos mais terríveis para a ginga brasileira: *Shitsuk*e, o "senso de autodisciplina".

É preciso conscientizar-se de que a constância do processo é que faz a coisa toda funcionar. Seguir cada regra e cada norma, passo a passo, pode ser angustiante para os amantes da bagunça, da "criatividade" e da "liberdade". Mas, não basta *fazer certo*, é preciso fazer *sempre certo*, como se fosse a primeira vez... Com atenção, com cuidado, colocando em cada tarefa o melhor de si mesma.

Como se uma oportunidade única se colocasse à sua frente e você a agarrasse com unhas e dentes; como se fosse a única chance de demonstrar sua competência que, como vimos, pode se tornar excelência... Tal empenho gera qualidade; abaixo o arroz um dia papa, um dia duro, um dia queimado, aquela ansiosa – por vezes desagradável – surpresa cotidiana. Com a medida certa e a bem-vinda panela de pressão, três minutos e pronto... arroz soltinho, todo santo dia! Qualidade advém da constância e traz equilíbrio e serenidade. É preciso fazer bem feito uma vez e mais uma vez e mais... De vez em sempre, como diziam os antigos.

Pequenas desatenções nos colocam em situações desagradáveis, geram estresse, desperdiçam seu precioso tempo. Quem não passou pelo constrangimento de deparar com o rolo de papel higiênico vazio na hora H? Ou de ter de ficar no escuro porque quem usou a última lâmpada não se preocupou em comprar outra, para deixar de reserva? Ou de receber o vestido que emprestou à amiga manchado, rasgado ou suado, tendo de sair às pressas para comprar um outro ou providenciar os reparos para estar apresentável naquela reunião tão importante?

Viver em comunidade requer gestos de cordialidade e apurado senso de cooperação. E como ninguém é uma ilha, convém que o treinamento comece bem cedo, no nosso espaço mais íntimo e acolhedor, onde podemos ser quem realmente somos, empenhando-nos sempre no que se refere ao auto-aperfeiçoamento e à atitude amorosa em relação aos outros e a nós mesmas.

Para "dar um toque"

Inúmeros recursos podem ser usados para tornar seu ambiente realmente "sagrado". Informe-se sobre técnicas de radiestesia, cromoterapia, numerologia, feng-shui, ikebana e tantas outras.

Indispensável é o desejo sincero de mudança e a predisposição à ordem e ao asseio.

Seguem dicas de materiais e objetos para harmonização do ambiente segundo o perfil astrológico dos moradores:

Signos de Fogo: Áries, Leão, Sagitário

- Uso de materiais nobres como madeiras, mármores, cristais, prata e tecidos finos.
- Exuberância e riqueza de detalhes, resultando em ambientes luxuosos, de acordo com as tendências da moda
- Texturas sedosas e brilhantes
- Tons amarelos, alaranjados e vermelhos

Signos de Terra: Touro, Virgem e Capricórnio

- Estilo clássico, sóbrio, com móveis pesados e resistentes.
- Texturas rústicas nos tecidos (juta, linho, lã, tear manual) e materiais como madeira, cimento, etc.
- Decoração detalhista, com potinhos e latinhas espalhadas por todos os cantos; quadros, porta-retratos, cortinas, almofadas, estatuetas, fricotes de toda natureza
- Arranjos, preferencialmente com flores do campo
- Relíquias de antepassados
- Tons verdes, marrons e ocres

Signos de Ar: Gêmeos, Libra e Aquário

- Estilo "clean", ambientes espaçosos com poucos móveis e objetos
- Materiais práticos como o aço escovado, o vidro, a fórmica
- Objetos de vanguarda, estilo "high tech", de design arrojado, preferencialmente únicos como uma peça de murano ou um arranjo de ikebana
- Aparelhos eletrônicos de última geração
- Texturas lisas, persianas em vez de cortinas
- Tons azuis, cinzas e brancos

Signos de Água: Câncer, Escorpião e Peixes

- Românticos e caseiros
- Toques místicos como incensos e gravuras indianas
- Texturas e estampas clássicas do passado, como xadrezes, rendas e florais
- Jardineiras floridas e vasos com plantas
- Bombonières, potes de doces e um bar caprichado
- Tons pastéis

O caminho da simplicidade

Prevenir é melhor que remediar

Atenta aos comentários da seção de livros de uma revista semanal, deparei com uma matéria interessante, que revelava, passo a passo, uma curiosa receita: como detonar, no prazo de dez anos, um milhão de dólares, ganhos através do seu empenho e talento pessoais.

Não, não se tratava de mais um filhinho de papai desmiolado e bem nascido, aquele tipo de *playboy* que, contrariando as sagradas escrituras, nunca ganhara um centavo com o suor de seu rosto, aprimorando-se na árdua tarefa de gastar, sem dó nem piedade, a fortuna que recebera por herança de mão beijada.

A perdulária em questão era Colette Dowling, escritora americana, que nos anos 80 tornou-se conhecida em vários países através de seu best-seller *Complexo de Cinderela*. Por meio de um discurso pós-feminismo, a autora apregoava que as mulheres continuavam à espera do malfadado príncipe, temendo a própria independência.

Como crença é tudo na vida, Colette não foi capaz de administrar seu sucesso financeiro; ante a avalanche de polpudos cheques provenientes de direitos autorais, ela decidiu "não pensar em dinheiro", contratando um contador para cuidar do assunto.

Por cerca de cinco anos, viveu no luxo, aproveitando para satisfazer os caprichos de filhos e parentes, além dos seus próprios, como uma autêntica fada-madrinha.

Ao final da maratona consumista, comprou duas casas nos arredores de Nova York, esgotando suas reservas. Para reformar uma delas, contraiu empréstimos a juros altíssimos. Em pouco tempo, estava a zero; recebeu então um informe da receita federal: o tamanho do rombo, relativo apenas a tributos, era de 70.000 dólares!

Sem ligar a mínima para a situação, acumulando ainda mais débitos no cartão de crédito, após dois anos Colette viu-se forçada a vender todos os seus bens móveis e imóveis – inclusive a casa de seus sonhos, com tudo o que havia dentro – na tentativa de saldar parte das dívidas. Como que por (des)encanto, quando caiu em si, estava morando numa casinha alugada, aquecida a lenha, dirigindo um carro velho, sem um centavo no banco.

A experiência, aparentemente desastrosa, foi usada criativamente pela autora, que tratou de compartilhar seu drama através de um outro livro, *Complexo de Sabotagem*. Igualmente dedicado ao público feminino, apresenta a estranha proposta de nos ensinar que somos capazes de gerir nossos recursos, mesmo tendo nascido mulheres.

A atitude oportunista não parece ter sido o único aprendizado útil extraído dos momentos difíceis pelos quais passou. No discorrer dos capítulos, Colette relata que, entre outros luxos, abriu mão dos caríssimos salões da Madison Avenue, passando a cuidar ela própria de seus cabelos. "Hoje minhas necessidades são bem mais simples e mesmo gastando pouco, não me sinto privada de nada", afirma, serena.

Comecei a pensar no assunto, nesse retorno à maneira simples de viver, sem desperdícios de energia ou dinheiro, respeitando as reais necessidades de cada indivíduo. Imediatamente lembrei-me de uma crônica sensível de Rubem Braga, que descobri há mais de 20 anos. Reli com prazer a lição do grande mestre.

Com sua maneira única, poética, de abordar as mazelas do dia-a-dia, o velho Braga começa dizendo: "Então, de repente, no meio dessa desarrumação feroz da vida urbana, dá na gente um sonho de simplicidade". E adiante prossegue: "A vida poderia ser mais simples. Precisamos de uma casa, comida, uma simples mulher, que mais? Que se possa andar limpo e não ter fome, nem sede, nem frio. Para que beber tanta coisa gelada? Antes eu tomava a água fresca da talha, e a água era boa. E quando precisava de um pouco de evasão, meu trago de cachaça."

Consulto a data: março de 1953. Curioso saber que eu não era nem nascida e a confusão instalada pelo progresso já levava o perspicaz cronista a esse tipo de reflexão, apontando-nos o caminho de volta ao começo...

Na década de 30, a expressão *simplicidade voluntária* foi cunhada por Richard Gregg, um estudioso dos ensinamentos de Mahatma Gandhi. Ressurge agora com força total, num resgate à natureza íntima do ser humano, assolado por um consumismo crescente e desmedido, estimulado a partir da Revolução Industrial.

O conceito não é novo. Na Grécia antiga, Sócrates, Platão e Aristóteles já estimulavam a busca do equilíbrio através de "um meio-termo de ouro", situado entre a riqueza e a pobreza. Jesus apontava, com seu exemplo, o caminho da vida simples, sem deixar que nada faltasse, tendo realizado o milagre da multiplicação dos peixes para saciar a fome de seu povo. Lao-Tsé resume o pensamento taoísta sobre a questão ao afirmar que "aquele que sabe possuir o suficiente é rico". E a tradição budista reconhece que as necessidades básicas materiais precisam ser atendidas para que possamos compartilhar nossos potenciais; logo, a virtude situa-se entre a pobreza desnecessária e o materialismo irresponsável, egoísta e perdulário.

Os recursos naturais vêm se tornando escassos em vista do desperdício a que os submetemos. A desigualdade social – poucos com muito, muitos com pouco ou praticamente nada – é fruto do enriquecimento de alguns através do modelo capitalista voraz, que cria necessidades atra-vés da manipulação dos desejos escondidos em nossa mente inconsciente, fazendo com que todos queiramos ser belos, saudáveis, ricos, poderosos.

Não haveria nada de errado nisso para o progresso do ser humano, desde que fossem respeitados os conceitos individuais de beleza, saúde, riqueza e poder.

Muitos confundem essa opção pela simplicidade, atitude inteligente e ecológica, com uma espécie de "voto de pobreza", renunciando a todo e qualquer conforto, impondo a si mesmos penitências tolas como "dormir no chão" ou "comer apenas uma vez por dia", mesmo dispondo de cama limpa e macia ou alimentos em abundância.

Dando ênfase à opção voluntária pelo modo simples de viver, percebemos que se trata de uma escolha; ao contrário da miséria, geralmente imposta e controlada pelo sistema dominante, geradora de sentimentos negativos como a impotência, a passividade e o desespero.

O conceito pode e deve ser estendido para além dos gastos pessoais, englobando aspectos sociais; crises de seca em grandes centros como os das regiões Sul e Sudeste, que acarretaram falta de energia e restrições à distribuição de água, refletem a má utilização desse recurso; esses casos exemplares, ocorridos recentemente, despertaram-nos para a necessidade de reaprendermos a economizar esse bem natural precioso.

Cada qual buscou sua solução criativamente, descobrindo maneiras simples e eficazes de poupar. Como regar as plantas com a água fria do chuveiro que precede seu aquecimento; antes desperdiçada, passou a ser recolhida cuidadosamente num balde e empregada para esse fim.

Ou a reutilização da água das roupas ensaboadas no tanque ou numa bacia para a limpeza de pisos; ou a providencial e recomendável lavagem à máquina apenas quando se puder utilizar sua capacidade máxima.

A questão da reciclagem também se coloca na ordem do dia. Separar lixo, se não é tarefa das mais agradáveis, também não é das mais difíceis. Resulta em ordem, limpeza, grande economia de energia. Abre frentes de trabalho para comunidades carentes, é um ato de cidadania. Desenvolve a criatividade daqueles que utilizam materiais recicláveis em variadas formas de artesanato. É simples. É necessária. O meio ambiente agradece

Sim, você tem direito a tudo aquilo que seu dinheiro – proveniente de seu esforço, ganhos ou de suas economias – pode comprar. Até mesmo àquela máquina de cappuccino maravilhosa (desde que você a use freqüentemente e não a tenha no armário apenas como um troféu de consumo); ao carro do ano (desde que ele seja o menos poluente possível e atenda às suas reais necessidades em termos de tamanho, desempenho e conforto); a uma lava-louças (desde que você use o tempo poupado para relaxar ou realizar seu projeto de vida); a um celular de última geração (se você é alta executiva e precisa dessa tecnologia para exportar/importar dados diretamente para seu computador, vá em frente, sem culpa). De fato, a única pergunta a ser considerada para medir o grau individual de simplicidade voluntária é: "Preciso realmente disto?"

Respeitando nossa ecologia interior e exterior, atentos à questão da utilidade, sabemos que somos capazes de sobreviver mesmo sem Internet, sem uma máquina de lavar pratos ou um DVD para gravar e/ou reproduzir nossos filmes e programas favoritos. O ponto fundamental da análise é alcançarmos o meta-resultado: que benefício buscamos quando nos cercamos de todo aparato tecnológico e das facilidades por ele propostas?

Existe a velha história do executivo que passava as férias numa praia paradisíaca e encantou-se com a habilidade e o talento potencial de um pescador. Sugeriu a ele que ampliasse seus negócios, recrutasse empregados, montasse uma câmara frigorífica, exportasse sua produção, ganhasse, enfim, muito dinheiro.

"E o que faço depois?", perguntou o pescador. "Depois?", respondeu o executivo, convicto. "Com o dinheiro, você faz o que quiser. Pode até se dar o luxo de tirar 30 dias de férias e desfrutar de uma praia maravilhosa como esta, assim como estou fazendo", disse o empreendedor. "Mas é isso que eu tenho feito a vida toda, sem ganhar muito e gastando quase nada!", admirou-se o pescador, sem enender muito bem a proposta.

Para viver seu sonho de simplicidade, não é preciso optar por uma vida bucólica irrealizável, nem voltar aos primórdios do lampião a querosene e do fogão a lenha (poluidores em potencial, ecologicamente incorretos). Usar a máquina de lavar roupas enquanto aproveitamos o tempo para ajudar os filhos nas tarefas escolares ou desfrutamos de momentos de intimidade ou sossego ao lado do amado companheiro é uma maneira de simplificar a vida, valendo-se daquilo que o homem foi capaz de inventar e nosso dinheiro é capaz de comprar.

Não se trata, então, de ato de consumismo desmedido, mas de estratégia para alcançar o resultado desejado sem desgastes físicos ou emocionais inúteis. Aliás, a mesma estratégia usada pelo sábio pescador da história...

De maneira sensata e responsável, vejo pessoas baixando espontaneamente seu nível de consumo pessoal. Mesmo os que "estão podendo" vêm abandonando os objetos de ostentação da geração *yuppie*, todo tipo de traquitana eletrônica ou de grife, adotando-os com parcimônia, de acordo com suas necessidades reais, não mais como ícones de poder ou ostentação, mas como ferramentas de trabalho que proporcionam mais tempo livre para aproveitar a vida.

O mesmo vem acontecendo com os carros, até bem pouco tempo inevitáveis símbolos de status. Assumindo o conceito "urbano", os modelos estão cada vez menores e mais econômicos. Em vez de detalhes supérfluos como um tipo especial de rodas, volante ou pintura, os acessórios atuais funcionam como itens de segurança. Para quem trafega pelos grandes centros, direção hidráulica ou o ar condicionado, antes considerados luxo, representam bem-estar e poupam desgaste físico desnecessário.

Simples é chique. A exemplo de Danusa Leão, que por anos a fio exibiu um visual despojado, com um singelo corte de cabelos chanel, jeans e camiseta, pessoas sensatas estão percebendo que o hábito não faz o monge. Aproveitar e reciclar o que existe em seu guarda-roupa básico (cada vez mais básico, para quem escolhe o modelo da sim-plicidade) é *in*. Roupas que se usam uma única vez, fricotes e grifes caríssimas escondidas no fundo do guarda-roupa, ostentadas vez por outra como um troféu, são totalmente *out*.

O caminho da simplicidade promove o retorno à natureza. Verduras, legumes, frutas, alimentos "vivos", mais em conta que os industrializados, fazem parte da dieta daqueles que optaram por desfrutar as coisas simples – e boas – da vida. Como conseqüência, também adotam outros hábitos saudáveis como a prevenção de doenças por meio de tratamentos menos agressivos como a homeopatia, a acupuntura ou variados tipos de terapias alternativas. Tudo mais barato e natural, visando qualidade de vida.

Em vez da esteira rolante, caminhadas ao ar livre. É possível divertir-se escalando uma montanha, passeando à beira-mar ou contemplando as águas mansas de um riacho. Para quem não deseja sair de casa, um livro ou um filme em boa companhia é excelente programa, bem como a jardinagem e outros passatempos domésticos. Restaurantes da moda podem ser substituídos com vantagens por reuniões entre amigos, onde eles próprios são os *chefs* e os *gourmets*. Também os saraus musicais ou literários podem servir de pretexto para diversão e agradável convívio social.

Viver na simplicidade estimula nosso lado mais humano e sensível, poupando-nos tempo; tempo este que pode resultar em dedicação àqueles que necessitam de algum tipo de ajuda, através de variados tipos de trabalho voluntário assistencial.

De tudo isso advém ainda uma profunda noção de cidadania. Respeito a tudo o que vive, à terra, ao nosso próximo, aos animais. A atitude responsável da reciclagem – hoje uma necessidade nos grandes centros urbanos, que cobram taxas pelo serviço de coleta do lixo –, o empenho em encontrar uma utilidade para tudo o que faz parte de nosso mundinho particular são, sem dúvida, o resultado de iniciativas cidadãs.

O retorno ao escambo e a todos os tipos de troca – material, emocional, mental e espiritual – que representam a verdadeira interatividade. A reconexão com a humanidade. É fácil. É possível. Caminho quase sempre sem volta: quem experimentou, quis ficar.

Se você ainda tem dúvidas sobre a possibilidade de viver em plena e satisfatória simplicidade, respire fundo, tome coragem e vá em frente, pois não está sozinho.

Como concluiu sabiamente Rubem Braga, "todo mundo, com certeza, tem de repente um sonho assim. É apenas um instante. O telefone toca. Um momento! Tiramos um lápis do bolso para tomar nota de um nome, um número... Para que tomar nota? Não precisamos tomar nota de nada, precisamos apenas viver – sem nome nem número, fortes, doces, distraídos, bons, como os bois, as mangueiras e o ribeirão."

Para viver simplesmente

Atitudes para uma vida simples e ecológica:

- Compartilhar atividades com familiares, amigos e colegas
- Desenvolvimento de aptidões em várias áreas da vida (profissional, emocional, mental, espiritual, física)
- Ligação com a natureza e com tudo o que é vivo
- Interesse compassivo pela pobreza do mundo
- Redução no nível de consumo pessoal
- Alimentação saudável, natural
- Visão política do consumo, privilegiando a ética
- Reciclagem de materiais
- Adoção de práticas holísticas para os cuidados com a saúde
- Adoção de meios de transporte coletivo ou menos poluentes
- Envolvimento com causas humanitárias e trabalho voluntário
- Relacionamentos baseados na igualdade dos sexos
- Preferência por produtos duráveis e não-poluentes
- Desenvolvimento de habilidades manuais

Quais destes itens você pratica? O que mais poderia fazer?

Mulher Feliz

Onde mora a felicidade?

Estratégias e sabotagens: atalhos no caminho

Quando menina, ouvi, certa vez, um professor dizer que "a felicidade está onde nós a colocamos, mas nunca a colocamos onde nós estamos". Na época, contando com pueris doze anos, a frase me pareceu repleta de sabedoria, até mesmo um tantinho profética... E eu, que desde muito cedo me preocupei com as mazelas do mundo, mesmo levando uma vidinha confortável e obtendo sucesso em minha carreira estudantil, vez por outra me martirizava ante a impossibilidade de ser feliz.

Passei uma adolescência "daquelas", cheia de rebeldia sem causa, voltando-me contra o capitalismo selvagem (na época já bem mansinho...), o imperialismo, a mais-valia e a tendenciosa distribuição de renda, focando minha atenção contra os países imperialistas que submetem os "coitadinhos de nós" às suas perversas intenções.

Cursei o ensino superior em um campus de vanguarda, numa faculdade mais vanguardista ainda, a agitada Escola de Comunicações e Artes da Universidade de São Paulo. Quanto mais me ocupava das injustiças e de tudo aquilo que não estava a meu alcance solucionar, mais angustiada, desajustada, inquieta e infeliz eu me sentia.

Custou-me tempo e empenho descobrir a fórmula da felicidade. Aconteceu por volta de uns trinta e poucos anos. Não que até então eu nunca tivesse experimentado aquele doce gostinho que tanto nos apraz; mas somente nessa ocasião pude perceber, como já dizia Silvio Caldas, o quanto "eu era feliz e não sabia".

Por aí afora vou divulgando minhas experiências, seja através de artigos, cursos ou palestras; vez por outra, solicito à platéia que escreva num papelzinho um objetivo que gostaria de ver realizado em sua vida.

Quase sempre, depois de alguma reflexão, mais da metade do grupo esboça um econômico "Quero ser feliz". No entanto, quando solicito à pessoa que me explique, "como se eu fosse uma criança de quatro anos", (a exemplo do advogado vivido por Denzel Washington no filme *Filadélfia)*, o que aquilo significa, especificamente, inúmeras vezes recebo como resposta um estranho "Humm, eu não sei..." ou "Nunca pensei nisso antes...".

Pior ainda quando a resposta é "Ah, você sabe...", como se coubesse a mim decidir os desígnios do mundo e os ingredientes capazes de fazer feliz cada ser humano... De fato, se você não sabe, eu sei menos ainda; e mesmo que soubesse, imprecisa leitora, não lhe diria, para não lhe tirar o prazer de experimentar tão doce descoberta.

E já que estou dada a citações, vai aqui mais uma, do esquecido compositor/cantor Odair José, que em suas melodias chorosas entoava com sabedoria: "Felicidade não existe / O que existe na vida são momentos felizes".

Não sei ao certo como o pai do movimento brega nacional chegou a esta conclusão; talvez Odair José nunca tenha se dedicado ao estudo da filosofia, da sociologia, da antropologia ou da psicologia; quem sabe aprendeu sozinho, através dessas reviravoltas que a vida nos impõe, desse cai-levanta incessante que nos sacode e nos obriga a pensar ante as adversidades que se nos apresentam. Não importa como chegou a esta conclusão, o que vale é que ele está coberto de razão.

A felicidade é um estado de espírito multifacetado que, caprichosamente, muda toda hora de nome e de lugar, de forma a tornar-se mais misteriosa ou aparentemente inatingível. Tal como uma criatura ardilosa, faz-se de difícil, troca de nome como quem troca de roupa ou de humor; num momento chama-se alegria, noutro motivação, às vezes paixão, outra hora sucesso. Quando se experimenta cada uma dessas emoções positivas e engrandecedoras, vivencia-se a plenitude de ser feliz.

Para colocarmos a felicidade no exato lugar onde nos encontramos é necessário, primeiramente, definir as situações que nos permitem identificar essa sensação de êxtase promovida por um momento feliz. Também, como recomendam os antigos, é prudente que não coloquemos todos os ovos numa única cesta; ou seja, que não relacionemos esse bem-estar supremo a um único setor – ou, pior – um único objetivo em nossas vidas.

Se alguém busca felicidade exclusivamente através de sua realização material, seja através da aquisição de bens ou do sucesso profissional, sentirá um vazio em importantes setores de sua vida, como a família, os amigos, o amor ou a espiritualidade.

Se lhe faltar saúde – como no caso daqueles altos executivos assolados por úlceras, enfartes, derrames e outras mazelas fatais – não será possível saborear plenamente o estado de felicidade. Idem se o tempo for administrado de maneira incompetente – não adianta só ganhar sem poder gastar; há que dispender tempo com atividades de lazer, viagens e aqueles pequenos momentos tão especiais que dão significado e colorido à vida.

A mesma decepção ocorrerá a quem colocar sua felicidade nas mãos de outra pessoa – seja o companheiro, um filho, o patrão, a empresa, a pátria ou mesmo no desempenho do Coríntthians... "Ah, como me sentirei amada quando ele for mais carinhoso..."; "Que maravilha quando nossa filha fizer um bom casamento e for feliz para sempre..."; "Como me sentirei segura quando o País tomar vergonha na cara! Aí poderei deslanchar profissionalmente..."; "E se o Coringão for novamente o campeão dos campeões? Quanta felicidade, haja coração!!!"

Quando se define como parâmetro de felicidade algo que depende da atuação direta de outrem, toda cautela é pouca, pois não se sabe ao certo o quanto tal criatura ou situação estará disposta a colaborar com esse seu projeto, tão único e particular...

Da vasta literatura sobre anjos de que desfrutei, uma historinha chamou-me a atenção. Tendo convocado seu anjo pessoal para uma "conferência", uma mulher pôs-se a agradecer, em tom debochado, pelo "maravilhoso" pretendente que seu protetor lhe arranjara.

Algo indignada, ela começou a "conversa" ironicamente, "agradecendo" por ter seu destino cruzado com o de um homem, segundo ela, desagradável, pegajoso, inconveniente, casado com uma bruxa ciumenta, e acima de tudo, com um perfume horroroso, que lembrava o repugnante odor de um inseticida.

Sempre solícito e servil, o anjo respondeu-lhe com uma reverência: "De nada, estamos aqui para servi-la". A mulher revoltou-se ainda mais e disparou: "Por que você me 'presenteou' com alguém tão desagradável?". O anjo retrucou: "Porque você não foi específica quanto ao tipo de pessoa que queria ter como parceiro". E ela: "Mas eu pensei que você, anjo, soubesse o que é bom para mim!!!" E o anjo: "É claro que nós sabemos, mas é preciso que VOCÊ saiba o que é bom para você mesma..."

Nesta minha caminhada rumo à felicidade, adquiri o hábito de, em todo início de ano, esboçar mais um pedaço do "mapa" que me conduzirá a este maravilhoso lugar. Um amigo me disse que vem da tradição budista o costume de escrever 33 objetivos para sua vida, divididos em três grupos de 11, para curto, médio e longo prazo de realização. Nunca me preocupei em confirmar a informação; o importante é que tenho obtido surpreendentes resultados através dessa prática.

Quando era mais "caxias" costumava fazer meu mapa invariavelmente no dia 31 de dezembro; hoje, um tanto mais flexível, faço minhas anotações sempre nos primeiros dias do ano. Às vezes, ultrapasso o número pré-estabelecido, deixando, pois, alguns objetivos "na reserva"; a prática tem demonstrado que estes logo assumem o posto de "titulares". Fico feliz quando, ao rever meus escritos aleatoriamente, percebo que muitos desejos já foram realizados, abrindo vaga a outros tantos.

Nada me impede de substituir uma ou outra meta; ou mesmo descartá-la, se no meio do caminho me parecer desinteressante. O compromisso ali expresso, datado e assinado por mim tal como um contrato, é meu para comigo mesma, de forma que posso mudar as regras do jogo quando bem entender, visando sempre minha felicidade. Sinto-me ama e senhora do meu próprio destino: sou a roteirista, diretora, iluminadora e atriz principal do filme da minha vida, com todos os direitos e prerrogativas reservadas ao estrelato.

Se a você leitora, posso parecer um tantinho antipática, pretensiosa ou excessivamente autoconfiante, aproveito a deixa para enfatizar que todas nós temos opções e que estas se realizam à medida que fazemos nossas escolhas de maneira consciente e dedicada.

Quando saboreamos nossas conquistas, temos certeza de que somos merecedoras da felicidade. E esse estado de êxtase, uma vez experimentado, torna-se um vício; algo imprescindível, incontrolável e insaciável, que nos motiva sempre a dar mais um passo nessa desafiadora e emocionante direção. Basta experimentar para comprovar.

Minha receita de felicidade apresenta como ingredientes um somatório de sensações que nos proporciona um estado elevado de alma. A todo momento estou "aperfeiçoando" com um toque ali, um temperinho acolá.

Uma coisa que sempre funciona é me perguntar, ante um estado de contrariedade "O que eu posso fazer neste exato momento para me sentir feliz?" Às vezes, basta uma pausa e um capuccino, com um toque de capricho. Ou ouvir uma voz amiga. Ou trocar um beijo apaixonado. Em casos extremos, um chocolate ou uma roupa nova. Por isso, cheguei à (óbvia) conclusão de que felicidade não tem preço. Ou, se tem, pode até ser bem baratinho....

A definição de felicidade de que mais gosto emiti espontaneamente quando completei 36 anos. Fui convidada por uma generosa e bem-sucedida amiga a comemorar meu aniversário em sua companhia, almoçando num elegante restaurante espanhol (adoro paella!!).

Em meio a uma e outra taça de vinho, ela perguntou: "E então? Sente-se feliz?" De bem com a vida, recém-apaixonada por meu atual companheiro, respondi: "Completamente. Nem mesmo se ganhasse sozinha na loteria me sentiria tão bem..." Espero que você, leitora, também tenha seu dia de grande prêmio. Confiante no seu sucesso, elevo antecipadamente um brinde à nossa felicidade!!

Para sua reflexão:

- Por onde anda a sua felicidade? Onde você a tem colocado/ projetado?

- O que, em sua vida, deixa você satisfeita? Quais as suas insatisfações? Como você pode mudá-las?

- Recorde um momento de grande felicidade. Procure nomear as emoções que sentiu na ocasião e revivê-las sempre que sentir-se infeliz. (Ex.: O nascimento de um filho =alegria; uma promoção no emprego = valorização; e assim por diante)

- Faça sua lista de 33 objetivos (para curto, médio e longo prazo – 11 de cada). Enuncie todos eles no presente do indicativo (vale usar gerúndio também), como se já estivessem acontecendo agora (Ex.: Se quer mudar de emprego: Estou empregada como Gerente de um grande magazine e ganho R$ xx,00 por mês). Abuse na riqueza de detalhes; passe a limpo e coloque num lugar onde possa facilmente consultar sua lista, quando sentir vontade. À medida que for substituindo seus objetivos, reescreva tudo novamente, com todo capricho. Quem, preguiçosamente, elaborar um rascunho de lista poderá ter, no futuro, um "rascunho de vida"... Experimente. É, no mínimo, divertido.

- Proponha objetivos para variadas áreas de sua vida: saúde, espiritualidade, relacionamento pessoal, família, amigos, trabalho/carreira, conquistas materiais (na ordem que lhe parecer mais conveniente). Procure equilibrar todos os setores, atribuindo pesos iguais a cada conquista. Assim fica mais fácil ser feliz, pois sempre, em algum setor, algo de bom estará acontecendo.

"Dentro da felicidade estou em casa." (Lou Andreas-Salomé)

Receita de felicidade

Preceitos práticos do budismo tibetano

A busca da felicidade é um ponto comum a qualquer religião ou filosofia; no entanto, nenhuma parece traduzir de maneira tão simples esse anseio da humanidade como o budismo tibetano.

O monge Gyomai Kubose, da escola budista Shin Shu, explica que, na Antiguidade Clássica, segundo Aristóteles, o bem representava a felicidade. Bem mais tarde, o filósofo e economista inglês John Stuart Mill (1806-1873) definiu este estado de graça como "o prazer e a ausência de dor".

Seu conterrâneo, também filósofo e psicólogo John Dewey (1859-1952) foi além dessa definição, afirmando que a felicidade é permanente e universal, um sentimento do ser como um todo, enquanto o prazer é transitório e relativo, focado apenas em alguns aspectos do ser. Para o filósofo holandês Baruch de Spinoza (1632-1677), a felicidade não representava um "prêmio à virtude", mas era, sim, a própria virtude.

Em sânscrito, a palavra que melhor a define é *sukha*, que sintetiza três aspectos fundamentais: a felicidade física (relacionada à saúde), a material e a espiritual.

O monge Kubose destaca que a felicidade, tal como a compreendemos, em geral depende de causas externas; é alcançada quando possuímos algo ou ganhamos alguma coisa. Assim, quando a "causa" da felicidade deixa de existir ou é destruída, a felicidade também desaparece. Por isso, doenças, falta de dinheiro ou ausência de fé e amor são por vezes consideradas sinônimos de infelicidade.

Em tempos de culto exacerbado ao corpo, às riquezas materiais e ao status social, neste confuso momento em que "pagamos qualquer preço" para nos sentirmos joviais, bem-sucedidas – e , por isso, amadas – não é à toa que tantas pessoas se mostrem infelizes e insatisfeitas. Quando nos sentimos vazias e solitárias, o budismo nos convida a olhar as coisas com profundidade, sem nos deixarmos iludir pelo brilho tênue do verniz que apresentam em sua superfície.

Invertendo os parâmetros da equação, encontramos mais facilmente a receita da felicidade: ao voltarmos a atenção para dentro de nós mesmos, aprendemos a valorizar nossos estados emocionais e, desta forma, nos tornamos saudáveis, evitando sentimentos nocivos como a raiva, o medo, a tristeza e a culpa.

Quando amamos de maneira altruísta, sem esperar nada em troca, só assim podemos experimentar o milagre do amor; "a felicidade é o próprio amar e compartilhar, não necessariamente seu resultado; (...) a verdadeira felicidade não é aquela que recebemos de fora, mas sim aquela criada dentro de nós", afirma Kubose.

A pessoa sente-se feliz quando sabe apreciar cada passo da caminhada. Não se deve "adiar" a felicidade exclusivamente para quando "se chegar lá". Até porque, no meio do caminho, você pode sempre mudar de idéia – e conseqüentemente, de direção. Agindo assim, a felicidade parecerá inatingível.

É preciso deixar de lado a idéia de que "os fins justificam os meios", através da qual tentamos explicar todos os percalços como "provações naturais", portanto inevitáveis, ainda que dolorosas. Quando agimos dessa forma, colocamos atenção naquilo que não dá certo e nos consolamos dizendo para nós mesmos que a felicidade virá como conseqüência natural de nosso sofrimento.

Mas se, ao contrário, considerarmos cada "meio" como um fim em si mesmo, aproveitamos muito mais os benefícios que cada nova experiência nos apresenta, usufruindo de pequenos lapsos de felicidade que serão potencializados à medida que nos aproximarmos da plena realização de um objetivo.

Impomo-nos vários limites na vida cotidiana; no entanto, tais limitações não são fixas nem determinadas por ninguém senão por nós mesmos, por nossa própria vontade. Mestre Kubose enfatiza que palavras como "adequação" ou "posição" são mais apropriadas para representar nossas dificuldades.

Quando pensamos em limites, criamos certas barreiras imaginárias intransponíveis; ao analisá-las criteriosamente, percebemos que são apenas frutos de nossa imaginação, podendo, pois, ser superadas facilmente.

Os budistas estudam e praticam o darma (*dharma*, caminho, ensinamento). À medida que se aprofundam, aprendem a aplicá-lo na vida cotidiana de maneira fácil e natural. Como ensina o lama tibetano Tarthang Tulku "Você pode contatar os ensinamentos não apenas ao nível das palavras e conceitos, mas internamente, dentro da experiência diária. Sua própria frustração pode empurrá-la em direção a algum modo de aliviar toda dor e conflito. A impermanência de todas as coisas que lhe são importantes, a transitoriedade das relações e daquilo que você mais estima, podem inspirá-la a buscar algo que não possa ser abalado ou tirado de você. E quando houver encontrado, por meio dos ensinamentos, este enorme poder e esta direção, você não precisará mais sair em busca de satisfação: encontrará tudo o que precisa dentro de seu próprio coração", afirma.

Mesmo que você continue a viver do mesmo modo, tenha a mesma aparência, vista-se como sempre, haverá uma significativa diferença em sua experiência interior, e na maneira como você se relaciona com o mundo e com os outros. "Sentimentos, sensações e atitudes se tornarão mais serenos e estáveis, deixando brotar um sentimento de satisfação e felicidade, e uma tranqüila certeza de que você está no rumo certo. Mesmo quando eventos assustadores e frustrantes surgirem, não perturbarão seu equilíbrio interno e sua confiança", conclui Tulku.

Conhecimento, trabalho interior e sentimento. Uma fórmula simples para quem almeja ser feliz. Como sabiamente afirmou mestre Kubose, "o verdadeiro caminho para a felicidade é a percepção da nossa própria vida. É o desabrochar do ser como um todo". Então, perceba-se, decida-se, desabroche. Através destas simples atitudes você encontrará o caminho mais curto e fácil para alcançar a sua felicidade...

As Quatro Nobres Verdades e a Senda Óctupla:

A base do ensinamento budista encontra-se nesses dois postulados. Quando colocados em prática, nos proporcionam momentos de serenidade e intensa felicidade.

As quatro nobres verdades:

1 - O reconhecimento do sofrimento - A vida nos apresenta uma série de problemas; à medida que somos capazes de identificá-los, tornamo-nos aptos a superá-los. Assim, identifique suas limitações.

2 - A causa do sofrimento - A causa do sofrimento é a ignorância; portanto, informe-se, crie, descubra maneiras de fazer diferente quando algo não dá certo em sua vida.

3 - Superação ou transcendência das causas do sofrimento - A ignorância pode e deve ser superada ou transcendida. Por isso, o budismo é conhecido como o caminho da Iluminação, por lançar luz às dificuldades que nos são impostas por nossa própria ignorância.

4 - O caminho para a superação das causas do sofrimento - O caminho é chamado senda óctupla.

A senda óctupla compreende:

1 - A compreensão correta

2 - O pensamento correto

3 - A palavra correta

4 - A conduta correta

5 - O esforço correto

6 - A ocupação correta

7 - A atenção correta

8 - A meditação correta

Pratique.

"Felicidade é a harmonia entre o pensar, o dizer e o fazer."

(Mahatma Gandhi)

Da mesma autora:

Prazer em Conhecer-se
Treinamento em Inteligência Emocional

Aprenda a trabalhar suas emoções e reconquiste sua auto-estima.

Redescobrindo o Prazer de Viver
Fortaleça sua auto-estima

Reflexões sobre auto-estima, família, trabalho e cidadania.

Visite nosso site, cadastre-se e receba nossas publicações com conforto e economia, sem despesas postais:

www.superlojas.com.br/outras

Ou ligue: (11) 6236-4823 / 6239-7429

Impresso nas oficinas da
Gráfica Palas Athena